成功事例でわかる！

アウトソーシングの正しい導入マニュアル

すぐに使える
中経実務Books

企業改革コンサルタント
石川 和幸

中経出版

はじめに

「作れば売れる」時代が終わり、世界中でイノベーション競争が起きていると同時に、コスト競争も起きています。

厳しいイノベーション競争は、限られた経営資源を自社の戦略分野に集中投下することを要求しています。自社の競争優位に関係のない分野への投資は控えられ、付加価値があまりない分野は、自社で行なわずにアウトソーシングが採用されるようになりつつあります。

コスト競争も苛烈です。グローバル化によって、私たちは生産やシステム開発で、多くの新興国の労働者との競争にさらされています。コスト低減を求め、アウトソーシングは世界的規模になりつつあります。

こうしたことから、好むと好まざるとにかかわらず、企業は生き残りをかけてアウトソーシングという手法を活用せざるを得ない状況に置かれているのです。

スピードを要求される現代では、いままでのようにすべてを自社するようでは取り残されてしまいます。「餅は餅屋」で、自社社員で行なうよりも専業のアウトソーサー（アウトソーシングを受託する企業）に仕事を任せたほうが、速く、安く、しかも高い品質で仕事を仕上げてくれる時代になったのです。アウトソーシングによって、社員は自社の重要な仕事に集中的に投入することができます。

◆アウトソーシングは身近にある経営改革の姿

アウトソーシングと聞くと何やら大がかりな取り組みと感じますが、そんなことはありません。意外と身近な経営改革手法であり、アウトソーシングなどという言葉が使われる前から、日本企業は広くアウトソーシングを活用してきたのです。

本書を開けば、あらゆる仕事がアウトソーシングできることに気がつきます。人材不足で悩む中小企業でも、アウトソーシングをうまく活用すれば、大企業と対等に戦っていくことが可能です。人の活用がうまくいっていない大企業も、アウトソーシングを活用して人の最適配置をす

ることができます。また、最先端の分野で人が足りないのであれば、最先端を走るアウトソーサーから人を調達することもできるのです。

アウトソーシングは進化しています。企業の必要とする業務の過不足を補い、経営改革を進めるための重要な道具になりつつあるのです。いまでは、アウトソーシングは企業の競争力強化、人員などのリソースの再配置、コストダウンになくてはならない経営革新手法となりました。競争が激しくなりつつある昨今は、経営者だけでなく、実際に業務の遂行に責任をもつ責任者もアウトソーシングを活用し、業績を向上させることが喫緊の課題になっています。

◆意外と知られていないアウトソーシングの正しい手順

こうした時代背景がありながら、アウトソーシングはいままで体系的に紹介されてきませんでした。

アウトソーシングの効果は何か、どのような手順で実行したらよいのか、明確なステップや注意点はあるのか、アウトソーシングできる業務はどういうものがあるのかなどを示されることは少なかったと思います。

そのため、多くの企業が手探りでアウトソーシングを実行し、時に失敗し、稀に成功し、あとは効果があるのかないのかわからないといったところが実情だと思われます。

本書は、そうした迷い道に入らないようにアウトソーシングの実務を解説したものです。きちんとした成果を刈り取るには、アウトソーシングとは何かをきちんと知り、手順を踏んで実行していく必要があります。

本書では、以下のような章立てでアウトソーシングを解説しています。第1章では、アウトソーシングの概念とねらいを整理しています。大企業、中小企業を問わず、効果があることが確認されるでしょう。

第2章では、変貌するアウトソーシングの姿を明らかにしています。時代の波にもまれ、アウトソーシングも新しい姿になりつつあります。従来のままの概念でアウトソーシングをとらえてしまっては、業界の革新の果実を手にしそこなってしまいます。

第3章では、具体的にアウトソーシングを実行するためのステップを

明らかにしています。ここでは、アウトソーシングを成功させるための標準的なステップを最大限解説しました。

　第4章は、アウトソーシングする業務機能別に注意点を解説しました。それぞれの注意点を参考にしていただき、成功するアウトソーシングを進めるための参考としてください。

　第5章は、独立企業としての永続性を守るために、アウトソーシング全般に潜む注意点を明らかにしました。アウトソーシングは業務の外部化なので、いくつもの注意点があります。

　第6章は、実際にアウトソーシングを行なった企業の成功事例です。アウトソーシングの実例として参考にしてください。

　巻末には、いくつか重要な契約書の参考例を開示しました。アウトソーシングは企業間の契約として遂行されるので、契約は避けて通れません。私が実務的に使っているもので、多くの事例を通過するなかで、改善されてきた契約書です。お役に立つとは思いますが、実際の場面では、企業間の取り決めで各項目を詰めてください。

◆企業の強みを生かし、永続性を手に入れる

　アウトソーシングは、企業の強みを生かすための改革手法です。「ヒト、モノ、カネ」という限りある経営資源（リソース）を自社の強みに投入し、同時に足りないリソースをアウトソーシングすることで、自社の強みに集中することが可能になります。

　一方、強みではない分野はアウトソーシングすることで外部と有機的に連携し、「もたない」経営を可能にし、永続性を手に入れることができるのです。

　アウトソーシングはこれからも進化を続けます。本書を活用し、その進化の果実を皆さんの仕事に生かしていただければ幸いです。

2009年10月

石川　和幸

●アウトソーシングのイメージと実行の流れ

アウトソーシングとは

外部（アウト）から経営資源（リソース）を調達（ソーシング）すること

利点

・所有しないことによる強み
・企業競争力の補完
・企業再構築の武器

目的

・不足リソースの補てん
・コストダウン
・戦略的な取り組み

アウトソーシングできる業務機能

企画・戦略
採用
給与計算
福利厚生
教育
経理
税務
法務
プロパティマネジメント
総務
設計
製造
調達（直接材と間接材）
物流
営業
マーケティング
IT

実行ステップ

① 企業のコアビジネスの見極め（➡ p.62）
② アウトソーシングすべき機能分野の検討（➡ p.72）
③ アウトソーシング形態の検討（➡ p.76）
④ アウトソーシングプロセスを設計する（➡ p.80）
⑤ アウトソーシングのねらい・想定効果を設定（➡ p.84）
⑥ アウトソーサー選定コンペの準備（➡ p.88）
⑦ アウトソーサーを選定する（➡ p.100）
⑧ アウトソーシング契約のポイント（➡ p.110）
⑨ 業務引き継ぎ（➡ p.112）
⑩ アウトソーサーの管理方法の設定（➡ p.116）

成功を確実化するための10の心得

① アウトソーサーには高い作業レベルを求めること
② アウトソーサーに過度に依存しないこと
③ 意思決定までアウトソーシングしないこと
④ 自社の強み・コアまでアウトソーシングしないこと
⑤ 元経営陣の天下り先にアウトソーシングしないこと
⑥ 創業者一族の企業にアウトソーシングしないこと
⑦ 法律を守り、偽装請負などをしないこと
⑧ アウトソーサーの法令遵守も厳しく見ること
⑨ 情報漏洩には細心の注意を払うこと
⑩ ITガバナンスを確立すること

CONTENTS

はじめに　1
アウトソーシングのイメージと実行の流れ　4

 アウトソーシングの効果で会社力をアップ！

 競争力を高める必須の手段として活用できる　18
- アウトソーシングとは外部調達を生かす経営手法　18
- 所有しないことにより競争力が向上する　19
- 効率、スピード、品質を同時に手に入れる　20
- 企業の再構築のための武器となる　21

 中小企業だからこそ有効　22
- もたないからこそ強みに集中できる　22
- 成長のスピードと梃子を手に入れる　24
- 中小企業はアウトソーシングで強くなる　26
- 中小企業自身がアウトソーサーになることも方策　26

③ 大企業だからこそアウトソーシングでスリム化　28
- 大企業は多くの機能をもちすぎてしまった　28
- 自前主義では変化のスピードについていけない　30
- 大企業はアウトソーシングで身軽になる　31

 変化が激しいからこそアウトソーサーにもチャンス　34
- 普及とともにアウトソーサーの切り替えも進んでいる　34
- 継続するうちに企業とアウトソーサーの利害が対立する　35
- アウトソーサーにとって、いまがビジネスチャンス　36

コラム① アウトソーシングかインソーシングかを正しく判断する　38

補てん・コストダウンから戦略的活用へと進化

① **アウトソーシングの目的は進化している** 40
- 目的1 不足するリソースを補てんする 40
- 目的2 コストダウンの手法として活用する 41
- 目的3 戦略的な意図をもって取り組む 43

 人というリソースに注目 44
- アウトソーシングでは人材と設備に注目する 44
- 人材をアウトソーシングで手に入れる 44
- 派遣社員もアウトソーシングの一形態 45
- 重要な人材もアウトソーシングで獲得できる 46

③ **設備というアセットに注目** 48
- 一般的には自前の設備を使う 48
- サービスを伴うのがレンタルとのちがい 48
- 設備と人材を戦略的にミックスさせる 49
- 中小企業は「もたない経営」を目指そう 50

 「シェアドサービス」によりサービスを効率化させる 52
- 大企業では肥大化する間接部門を分社化する 52
- グループ企業の重複機能を整理統合する 52
- サービスをシェアすることで戦略的サービスを実現する 54

 BPOで人と組織を戦略的にスリム化できる 56
- 新しいアウトソーシングの波として注目されるBPO 56
- スリム化と競争力の同時実現が可能になる 57

CONTENTS

第3章 10のステップを踏めば導入は成功する

1 手順を正しく踏んで導入しよう　60
- アウトソーシング実施までは10のステップがある　60
- 業務領域の見極めに失敗したコンピュータ業界　61
- それぞれのステップに重要な意味がある　61

2 ステップ①　企業のコアビジネスを見極める　62
- まず自社の戦略構想を明確にする　62
- 自社のコアビジネスはこうして見つける　64
- 既定のアウトソーシング業務領域も再チェックする　68
- 戦略構想との対比から大きなメリットが見つかる　70

3 ステップ②　アウトソーシングすべき機能分野を検討する　72
- 自社のアウトソーシング可能な業務領域を見極める　72
- 自社でリソースを集中すべき業務機能と区別する　74
- リスクを検討する　74

4 ステップ③　最適形態を検討する　76
- 検討すべきアウトソーシングの形態　76
- 設備と人の組み合わせを検討する　77
- アウトソーシングすべき機能を具体的に切り出す　78

ステップ④
5 競争力を強めるプロセスを設計する　80
- 指示命令系統プロセス設計で指示命令系統を一本化する　80
- 一連の連携業務プロセスを設計する　80
- 評価プロセス設計と同時に管理指標も設定する　82
- 報告ルートのプロセス設計は評価に役立つ　82

ステップ⑤
6 ねらい・想定効果を設定する　84
- 費用対効果（コスト&ベネフィット）を分析する　84
- 定性的な想定効果は定量効果に置き換える　86

ステップ⑥
7 綿密にアウトソーサー選定コンペを準備する　88
- アウトソーサーを選別する7つのステップ　88
- 一般情報からアウトソーサーを探す　89
- 一般情報からRFI送付候補をスクリーニング　89
- RFIの作成、送付、回収　90
- 必要に応じてRFIをカスタマイズする　90
- RFIを作成するときはここに注意する　90
- RFIの形式や提出方法もきめ細かく指定する　96
- 質問があったときは平等に扱われるように措置する　99

ステップ⑦
8 重要パートナーとなるアウトソーサーを選定する　100
- 評価で絞り込みRFP送付先を選定する　100
- RFPを作成して説明会を実施する　100
- RFP項目を作成するときはここに注意する　100
- RFPでは質問会を実施する　105
- コンペを実施し評価表で採点する　106
- アウトソーサー評価表の具体的な記入方法　106
- 評価会議でアウトソーサーを選定する　109

CONTENTS

ステップ⑧
トラブルにならないアウトソーシング契約のポイント 110
- きちんとした契約書を取り交わす 110
- サービスレベルを定義して契約する 111
- 権利関係を明確にしておくことも重要 111

ステップ⑨
アウトソーサーの力を引き出す業務の引き継ぎ方 112
- 業務引継書を作成する 112
- トレーニングして業務を引き継ぐ 113
- 業務が大きく変わる場合は業務マニュアルが必要 114
- 委託企業自身で教育が必要となる場合もある 114

ステップ⑩
競争力を永続化するアウトソーサーの管理の仕方 116
- サービスレベルを定期的にチェックする 116
- 定期的な再コンペを実施する 118
- アウトソーサー切り替えではここに注意する 118

コラム② クラウド・コンピューティングの衝撃 120

第4章 自社に合わせて機能別にカスタマイズする

アウトソーシング可能な機能はどんどん増えている 122
- ほとんどの機能がアウトソーシング可能になった 122
- 導入するときは自社に合わせてカスタマイズする 123

企画・戦略機能では主導権を保つことが重要 124
- 企画の委託内容はあいまいになりがち 124

- ●企業戦略立案は委託先に引きずられるリスクがある　124
- ●アウトソーサーの暴走を許さないようにする　126

③ 採用、給与計算、福利厚生、教育はアウトソーシングできる　128
- ●採用のアウトソーシングでは採用業務の引き継ぎがカギ　128
- ●採用の委託は複数のアウトソーサーを使う　128
- ●給与計算のアウトソーシングはコストダウンにつなげやすい　130
- ●アウトソーシングにより安価で手厚い福利厚生を実現　132
- ●アウトソーシングで最新の社員教育ができる　134
- ●部門別の教育でも人事一括契約でコストダウンができる　135

④ 経理、税務などの会計機能は比較的委託がしやすい　136
- ●経理業務の委託目的はコストダウン　136
- ●税務のアウトソーシングで最新税法に対応する　138
- ●法務のアウトソーシングで複雑化する法対応に備える　140
- ●商標権、特許関係は弁理士事務所にアウトソーシングする　141

⑤ 不動産の委託で総務部門をスリム化し収益事業化する　142
- ●不動産メンテナンス事業の外部委託で総務部門をスリム化　142
- ●プロパティマネジメントで余剰施設を収益事業化する　142
- ●設備メンテナンス分野ではサード・パーティーが登場　143
- ●清掃や警備は定期的な見直しでなれ合いを防ぐ　143

⑥ 設計の外部委託は作業外注と部品購入がある　144
- ●図面描きだけアウトソーシングするCAD作業外注　144
- ●承認図方式で設計をアウトソーシング　144
- ●解析のアウトソーシングで試作品のコストダウンを図る　145
- ●試作アウトソーシング、量産試作アウトソーシング　146
- ●新製品開発に関わるその他のアウトソーシング　146

CONTENTS

⑦ **製造分野は工程外注と並行して一括委託が進展** 148
- 従来型の作業外注（工程外注）のニーズも続く 148
- 製造現場への派遣社員の投入は適法性を維持する 148
- 一括型で注目される電子機器のEMS 149
- 新興国のアウトソーシングでは児童就業が問題になっている 150
- セキュリティーの問題をクリアしておく 151

⑧ **調達の外部委託は直接材と間接材で別々に発展** 152
- 直接材の調達アウトソーシングは限定的 152
- 今後の進展が期待される間接購買のアウトソーシング 154

⑨ **売る機能をアウトソーシングで活性化する** 156
- 売る力を外部調達する 156
- コールセンターをセールス活動に積極的に活用する 156
- マーケティング代行としてのPR会社、広告代理店 158
- ネットでの販売の梃子となるアフィリエイト 158

⑩ **最も進んでいる物流分野のアウトソーシング** 160
- 物流アウトソーシングは一般的に行なわれてきた 160
- 3PLへの一括委託を活用する 160
- 環境に配慮したアウトソーサーを選ぶ 162
- アウトソーサーがSCMの「失われた輪」を埋める 163

⑪ **ITアウトソーシングには新しい波が押し寄せている** 164
- システム設計・開発の外注では要件定義に注意 164
- ハードウエア、インフラのIMOとアプリケーションのAMO 164
- ASPやSaaSからクラウド・コンピューティングへ 166
- ITでは委託側企業にアウトソーサー管理の力が必要 168

第5章 ここを押さえて成功を確実化する

① アウトソーサーが必ずしもレベルが高いとはかぎらない　170
- アウトソーサーが自社よりレベルが低いこともある　170
- アウトソーサーの教育も検討する　171

② 過度に依存すると経営判断の制約を招く　172
- アウトソーシングが制約になる場合もある　172
- 企業の意思決定までアウトソーシングしないこと　173
- 膨大なムダな作業で価値のない分析が行なわれた事例　174
- 契約が終わればアウトソーサーは責任を負ってくれない　175

③ コアコンピタンスの喪失に注意する　176
- 気がつくと企業の強みがなくなっていることもある　176
- コア喪失でパソコンの盟主の座から滑り落ちたIBM　178
- 3つの質問でコアを見極める　179

④ 創業者一族の企業や経営陣関係者の天下り先に注意　180
- 天下り先の企業がアウトソーサーになると逆効果になる　180
- 情実に流されないアウトソーサー選定をする　182
- 場合によっては資本政策での対応が必要　182
- 現経営陣の強力なリーダーシップが必要　183

⑤ 人事労務問題には細心の注意を払う　184
- 派遣社員採用では法律への対応を正しく守る　184
- 派遣社員の労働環境に配慮する　186
- 偽装請負にならないようにする　186
- アウトソーサー側の法令違反にも注意する　187

13

CONTENTS

 情報漏洩防止とIT管理の主体性を
失わないようにする　188
- 情報漏洩には細心の注意を傾ける　188
- ITガバナンスを構築してITコントロールを確保する　189

 **5社の成功事例に学ぶ
アウトソーシング─ケーススタディ**

 ケース1
子会社再編プロジェクトの構想策定と
体質改善を実現　192
- 肥大化した子会社の統合施策が遅々として進まず　192
- 作業を明確にし現状分析で説得材料をつくる　194
- 重複機能の集約とシェアドサービス＆アウトソーシング　195

 ケース2
会計・給与計算シェアドセンター設立で
グループをスリム化　196
- グループ企業でそれぞれ機能組織と機能子会社をもつムダ　196
- 組織と機能子会社を統合しBPOでアウトソーシング　198
- 組織を統合しアウトソーサーと合弁アウトソーシング会社設立　198
- 組織と機能子会社を統合しシェアド化でコストダウン　199

 ケース3
サード・パーティー・ロジスティクスで競争力強化　200
- 競争力をもたない自社物流管理が弱点だった　200
- 世界最高水準の物流のはずが期待外れで再教育　202
- 3PLアウトソーシングが競争優位を生み出す　203

ケース4
お荷物だった情報システム部門が
多大な利益貢献部門に変身 204
- 自社社員がIT運用で疲弊し競争力も失う 204
- 最新のアプリケーション保守・運用をアウトソーシングする 206
- 情報システム部を分社化しERP導入を外販する 207

ケース5
中小企業的アウトソーシングの最適化で
コアビジネスに集中 208
- 法務のアウトソーシングは慎重に選定 208
- アウトソーシングの最適化で費用対効果の成果を上げる 210

巻末資料　契約書ひな形
アウトソーシングに必要な契約書と使い方 212
機密保持契約書 214
業務委託契約書 218
アウトソーシング・サービス契約書 225

本文イラスト／瀬川 尚志

第1章

アウトソーシングの効果で会社力をアップ！

1 競争力を高める必須の手段として活用できる

▎変化のスピードが速い現代では
▎アウトソーシングが勝負を決める

◆アウトソーシングとは外部調達を生かす経営手法

　アウトソーシングとは、外部（アウト）から経営資源（リソース）を調達（ソーシング）することを意味します。

　ここでいう経営資源は、主に人、あるいは人に付随するサービスです。アウトソーシングは、仕事を担う人やサービスを契約によって外部から調達し、企業活動に生かす経営手法です。

　アウトソーシングには、委託側企業と受託側企業があります。受託側企業はアウトソーサーと呼ばれ、委託側企業のサービス要求の多様化にこたえて、さまざまな業務機能、形態をもつようになりました。

　アウトソーシングも、普及するにつれて発展してきています。当初は、会計・税務などの定型的でかつ外部の専門家に任せたほうが品質の高い業務や、工場の作業外注などの繰り返し作業の業務がアウトソーシングされていました。

　一歩進んで、自社リソースである社員をより重要な業務につけるために、それ以外の業務をアウトソーシングすることが一般化しました。たとえば、給与計算や建物管理、システム開発を外注化したりすることが多くなりました。労働者派遣業が広く解禁され、事務仕事を派遣社員に任せることも普通になりました。

　さらに最近では、変化のスピードが速くなるにつれ、変化に迅速に対応するためにアウトソーシングが積極的に活用されるようになってきました。

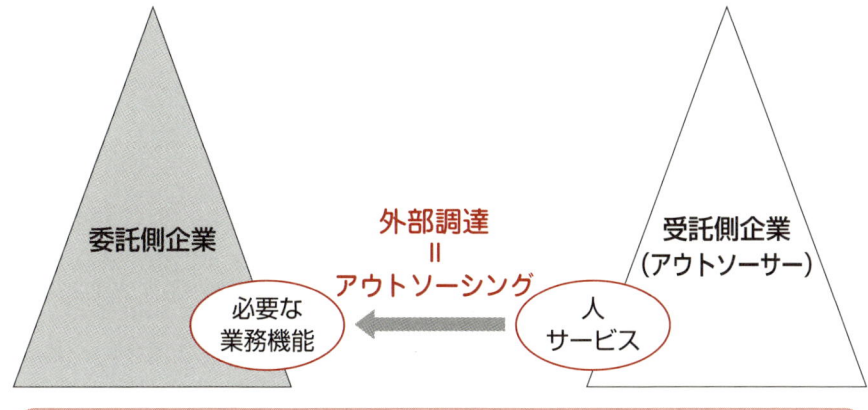

◆所有しないことにより競争力が向上する

　変化に対応するために、必要な業務機能をアウトソーシングによって迅速に調達し、競争力を維持することができます。

　社員を育てるには時間とコストがかかる一方、変化は待ったなしです。ゆっくりと人を育てていては、間に合わないかもしれません。仮に、ある特定分野で人を育てたとしても、変化が速すぎて社員の再教育、再学習で時間がかかって、対応しきれなくなってきています。

　こうした変化が速い分野では、かえって自社にリソースを抱え込まず、外部の専門知識や経験をもつアウトソーサーと組んだほうがよい場合があります。

　たとえば、システムの保守・運用の場合、ITの進展のスピードに対し、社員がついていけなくなっているのが実情です。

　大型の汎用機から技術がオープン化していき、いまではインターネットに関連する技術が必要になってきています。考え方も技術基盤も違っ

てしまい、新しいこともあっという間に陳腐化します。こうした状況下で、常に社員を教育し続けることはコスト高で時間がかかります。

　変化の速いITは、アウトソースすることで、最新の知識とスキルを適正なコストですぐに入手できます。自社を身軽にしておきながら、即戦力を手に入れ、競争力維持に役立てるのです。

　それ以外の業務機能でも、「必要なときに、必要なリソース・サービスを、必要な分だけ」調達することで臨機応変に対応し、競争力を維持します。特殊なリサーチ、高度な設計、新たなチャネル向け広告、新たな法律への対応、最新テクノロジーを搭載した部品を使う設計など、専門性と新規性をもったアウトソーサーと協業して、自社の競争力を維持するのです。

◆効率、スピード、品質を同時に手に入れる

　アウトソーシングでは、契約によって外部の専門家リソースを活用することができます。専門家を使うメリットは専門知識にあるだけでなく、仕事の効率、スピード、品質が優れているからです。

　アウトソーサーは、その分野のプロです。したがって、素人が行なうよりも、効率的に仕事をこなします。社員数人で行なうところを、アウトソーサー側は1人で処理できたりするわけです。

　同様に、スピードも違います。社員が1週間かかる仕事を数日で仕上げたりします。たくさんの経験を積んでいることにより、コツがわかり、失敗のリスクを避けつつ、最短で仕事を仕上げることができるのです。

　また、高い品質の仕事もします。プロとして仕事をしますので、プロならではの品質を維持しなければ、仕事を継続的に獲得できません。品質は、アウトソーサーを選ぶときの重要な評価基準です。

　アウトソーサー側も厳しい競争に直面しています。そのため、効率、スピード、品質の点でさらに磨きがかかります。自社社員で行なうよりも、プロとしての効率、スピード、品質を同時に手にすることができるのです。

⊘ アウトソーシングにはこんな利点がある

所有しないことによる強み

教育には時間がかかる
⬇
最新知識をもった人材の外部調達による変化対応力強化

企業競争力の補完

自社社員では仕事の効率、スピード、品質が不十分
⬇
専門家としての仕事の効率、スピード、品質を外部調達する

企業再構築の武器

肥大化した組織、陳腐化した組織が企業の重荷に
⬇
外部化して、アウトソーサーとして独立させることで身軽に

◆ 企業の再構築のための武器となる

　アウトソーシングは企業の再構築の武器にもなります。歴史のある大企業は、組織が肥大化していることがあります。その際、不採算部門を子会社（分社）化して、アウトソーサーとして独立させるのです。

　引き続き、自社の仕事は委託するとしても、アウトソーサーとして独立した企業は、外販を強化させることで収益を稼ぎ、親会社に貢献できるようにさせます。

　企業が、自社の情報システム部を独立させ、IT会社とした例はよく聞くことでしょう。独立させ、競争にさらすことで、採算性を向上させ、かつ業界の切磋琢磨(せっさたくま)を通じて最新技術を取得させ続けることを目指しました。このように、アウトソーシングという経営手法は、自社の組織をアウトソーサーとして分離、独立させることで、企業を再構築する手法にもなるのです。

2 中小企業だからこそ有効

> 身軽な中小企業はアウトソーシングで
> 強みに特化集中すれば大企業に勝てる

◆もたないからこそ強みに集中できる

　中小企業は、一般に人材不足に悩まされます。大企業と違って、それほど人が多くないので、企業としてやるべきこと、やりたいことに十分に人を回すことがむずかしいのです。たいてい、こうしたリソース不足は弱みとみなされます。

　しかし、十分人がいないからこそ、だれでもできること、際立った強みや特徴とならないことに人材をあえてさく必要はありません。そうした仕事はアウトソーシングしてしまい、社内の人材は強みに集中することができます。せっかくの貴重な人材は、思い切って強みのビジネス領域に投入し、それ以外は外部化してしまうのです。

　たとえば、経理は会計事務所や税理士事務所にアウトソーシングします。仕事の量によりますが、月額数万円から対応してくれます。しかも、専門知識をもち、正しい処理をしてくれるだけでなく適切なアドバイスも手に入ります。

　こうした仕事を社内で行なえば、社員を雇わなければならず、それだけのコストがかかります。専門知識をもった人材が採れるとはかぎりませんので、けっきょく会計事務所にアドバイスをもらうことにもなりかねません。

　社内でこなすことと比較すれば、コスト的にも品質的にも、アウトソーシングに分があります。中小企業は、よけいなリソースをもたないでアウトソーシングし、強みに集中しましょう。

中小企業こそアウトソーシングが活用できる

第1章 アウトソーシングの効果で会社力をアップ！

自社リソースは自社の強みに集中

貴重な人材を事務作業に使うのはもったいないので、アウトソーシングで調達

事務作業

アウトソーシング

特殊な技術が自社にはないのでアウトソーシングで調達

技術者

アウトソーシング

中小企業

設備導入はお金がかかるので、アウトソーシングで調達

アウトソーシング

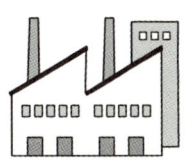

生産設備

自社で運ぶのはもったいないから、アウトソーシングで運ぶ

アウトソーシング

配送

中小企業はリソースをもたないからこそ、アウトソーシングによって自社リソースを強みに集中でき、外部から最適なリソースを調達できる

◆ 成長のスピードと梃子を手に入れる

　アウトソーシングによって、コストを下げるとともに不足する人材を補い、社内人材は戦略分野に投入し、成長のスピードを上げることができます。浮いたお金と人材が有効に使えるからです。
　しかし、アウトソーシングの効果はそれだけではありません。会計事務所の例は、間接業務のアウトソーシングでしたが、もっと重要な業務機能領域をアウトソーシングすることで、企業の成長スピードを上げ、拡大の梃子に使うことができるのです。
　たとえば、社内の人材が技術者に偏っていて、売る人がいないために企業の成長スピードが伸びない場合があります。こういう状態で売上げを拡大したいとき、営業代行という形で営業機能をアウトソーシングします。これで、売るのが苦手な企業でも、販売を推進するセールスエンジンを手に入れ、販売を拡大することができます。
　同様に、企画や設計に優れていても、製造するだけの設備が買えない企業もあります。こうした企業は、製造機能をアウトソーシングして、外部の設備と製造ノウハウを活用して成長できます。
　中小製造業どうしも、お互いにアウトソーシングし合う仲間です。どの企業が何を得意とするのかを知っていれば、自社にできない作業はお任せし、お互いに補完し合うことで、いままで取れなかった仕事も取れるようになるのです。
　もちろん、アウトソーサーは厳選します。せっかく自由に選べるのですから、リーズナブルな値段で、最高の仕事をしてくれる相手を選ぶべきです。自社の人材を使わざるを得ない大企業とちがって、自由な選択ができる点が中小企業の利点です。
　また、アウトソーシングは副次的な効果も生み出します。たとえば、スタートアップ期に近い中小企業が、会計業務や法務をアウトソーシングしたとします。しっかりした会計事務所や法律事務所であれば、評判になって信用力アップにつながることがあります。この信用力を背景に

● 中小企業がアウトソーシングを活用する利点

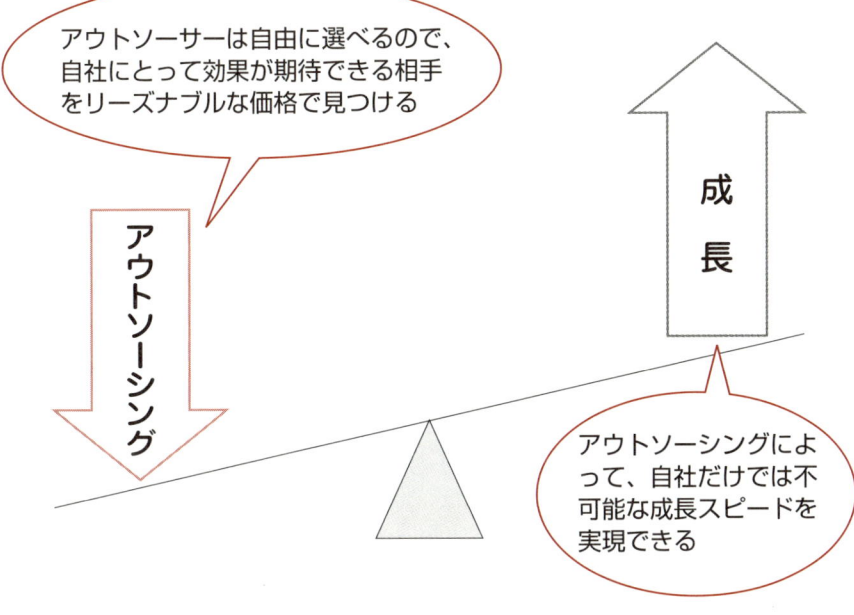

中小企業はアウトソーシングを梃子として、
成長のスピードをアップすることができる

して取引が増えたり、銀行が融資してくれたりします。

　自社以外の専門家が業務を行なっていることが信用力となって成長を後押ししてくれるのです。このように、アウトソーサーの信用力を梃子として、成長スピードが上がるという副次的効果が得られます。

　また、よくあることですが、アウトソーサー自身が新しい仕事をもってきてくれることがあります。お互いをよく知っているからこそ、よい仕事も紹介してくれるのです。

　中小企業こそ俊敏に、必要なアウトソーシングを活用し、成長していくスピードを手に入れましょう。

◆中小企業はアウトソーシングで強くなる

　中小企業で人材難だと嘆く必要はありません。コアになる人材さえいれば、いまはいくらでもアウトソーシングによって必要な人材、サービスが手に入るのです。

　いままで、中小企業は人材がいないことが弱点でした。一方で、大企業は人材が豊富だといわれてきました。しかし、状況は変わりつつあります。

　変化のスピードが速くなるなかで、自社に人材を抱えること自体がリスクとなりつつあります。社員のもつ技術、知識があっという間に陳腐化していき、人材自体がコストに変わりかねない世の中になったのです。

　大企業は、陳腐化した人材を大量に抱え、四苦八苦しています。外部に優れた人材、サービスがあって、それを活用したくても、まず社内人材を活用せざるを得ないのです。逆に中小企業は、「もたない」ことによって、「いま、最新、最高」の人材やサービスを手に入れることができます。

　中小企業は、身軽だからこそ強いのです。そのぶん、最新、最高のアウトソーシングを柔軟に活用し、アウトソーシングを梃子に強くなっていくことができるのです。

◆中小企業自身がアウトソーサーになることも方策

　中小企業は、自社のコアとなる業務以外をアウトソーシングすることで、自社のコア業務に集中特化することができます。

　このため、選択と集中によってますます強くなることで、中小企業自身が、その強みを生かして大企業に対するアウトソーサーになっていくことができます。

　たとえば、電子部品や電子基板の製造に非常に強い中小企業が、会計や人事などの間接部門をアウトソーシングし、自社人員を製造に集中さ

中小企業のアウトソーシング活用機会のチェックリスト

	Yes	No
①自社人員で十分業務が回っている	☐	☐
②自社人員は自社の強みに集中している	☐	☐
③人員不足の業務機能は自社の強みとは無関係な業務である	☐	☐
④自社人員だけで、毎年急成長している	☐	☐
⑤自社人員は常に、最高、最新の知識をもっている	☐	☐
⑥自社社員だけで高度な専門スキルを準備できる	☐	☐
⑦自社社員の活躍はコストに見合うものである	☐	☐

※1つでも **No** があれば、アウトソーシング活用機会が存在する

> **ここが重要** 中小企業は自社リソースにこだわらず、アウトソーシングを積極的に活用する

せることでさらに強みを増し、大企業からの製造外注を積極的に取っていくことができます。

　もし、自社の社員で会計や人事などの間接部門の仕事を行なっていると、それだけの人員が競争力に関係のない業務にとられてしまいます。これではもったいないので、積極的にアウトソーシングを活用することが競争力向上につながります。

　また、中小企業どうしでお互いの強みを生かしていくこともできます。営業が強い企業、製造が強い企業、設計が強い企業、試作が強い企業などそれぞれの特色を合わせることで、大きな仕事を取っていくことができます。お互いにアウトソーシングしながら、お互いがアウトソーサーとなって協業していくことで、成長のスピードを上げることができるのです。

3 大企業だからこそ アウトソーシングでスリム化

▎もちすぎて重荷になった重複機能を
▎身軽にするのが大企業の課題

◆大企業は多くの機能をもちすぎてしまった

「作れば売れる時代」「並べれば売れる時代」には、とにかく人さえいればものが売れました。高度成長期を過ごした企業は、世界的な大企業になっている会社も多く、それだけ多くの業務機能を社内にもつ結果となりました。

多角化という言葉のもと、企業はさまざまな事業部をもちました。事業部制は、同じ企業内であっても、それぞれの事業単位で独立して動けるようになっています。

そうなると、事業部ごとに経理、人事、営業、製造、ITなどの各機能をもつようになります。

カンパニー制も同様に、それぞれのカンパニーで業務機能をもちます。同じ企業でありながら、似たような組織がたくさんできるわけです。

持ち株会社とカンパニー会社に分かれている場合は、統括する持ち株会社と各カンパニーとが、それぞれに業務機能をもちます。持ち株会社は営業や製造の機能はもちませんが、会計や財務、人事などの間接業務部門をもち、各カンパニーを統括する機能をもちます。

機能の重複・拡大は、グループ展開をした企業にも当てはまります。どんなに小さな会社でも、所属グループが大きいので、体面上大企業と同じような機能をそろえようとし、肥大化します。

🚫 もちすぎてしまった大企業は、高コストで変化対応力がない

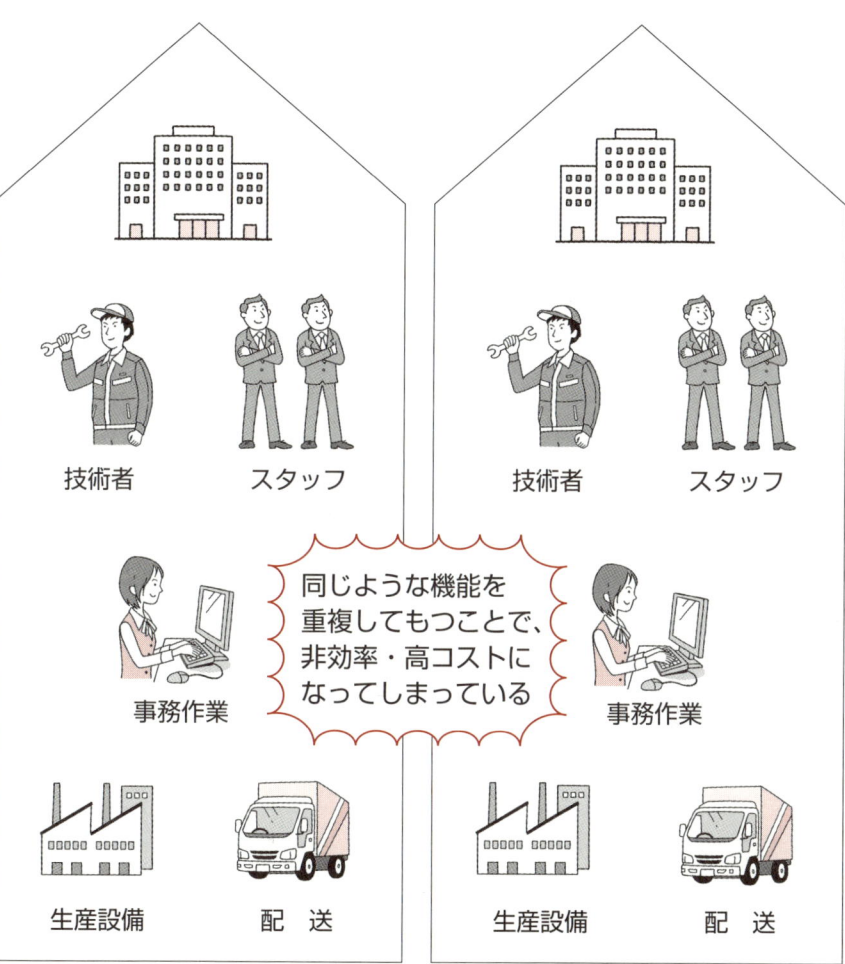

大企業は、発展の過程で多くの事業と業務機能をもちすぎて高コスト化し、変化対応力を失っている

第1章 アウトソーシングの効果で会社力をアップ！

◆自前主義では変化のスピードについていけない

　大企業は大企業になるだけの成功を収めてきています。とくに現在のほとんどの大企業は、戦後の高度経済成長期に発展した企業です。長年にわたって成功してきた経験は、組織に染み込んでいて、場合によっては、変化に対応する力を奪っていきかねません。

　たとえば、ITの世界では、オープン化の波があります。いままではハードウエア依存の汎用機・ホストシステムが中心で、システムを動かすためには綿密にロジックを考え、ロジックどうしを構造化してプログラミングをしていました。

　しかし、オープン化というハードウエアに依存しない開発方法が一般化し、さらにWebやインターネット関連の技術が進展し、出来合いのパッケージシステムの導入が多くなると、自前のホスト技術者では対応ができなくなってきました。

　物流の世界も同様です。製造業の物流子会社では、製造業の業務ルールに縛られ、「24時間365日」サービスが実行できない場合があります。組合との関係もありますが、製造業のグループ会社がそう簡単に「24時間365日」サービス体制には応じないのです。

　あるいは、営業所やサービスサポートセンターも「24時間365日」サービス体制を要求される場合があります。しかし、顧客からの要求であっても、製造業の延長として存在する拠点は、雇用契約上、土日休みが決まっている場合などがあり、そう簡単には変更できないのです。

　それ以前に、経営陣が変化に対して危機感を抱かず、対応を急がないこともあります。過去の成功体験が目をくもらせるのでしょうか。

　このように自前主義で行こうとすると、どうしても過去のビジネスの在り方が障壁になって、変化にまったく対応できないか、変化に対応するスピードが遅れていくのです。

◆大企業はアウトソーシングで身軽になる

　長く同じ組織形態が継続すると、いまのやり方が「既得権益化」して、仕事のやり方を変えないことが暗黙の了解のようになっていることが多々あります。組織は変えない、仕事は変えない、効率化しない、人は減らさないというわけです。

　一度できてしまった組織は、内部から組織の必要性の議論は起きません。やはり、経営的な視点で見て、重複した組織、時代遅れで効率化の足かせになる組織をスリム化することが必要になります。

　スリム化の方法のひとつがアウトソーシングです。しかし、スリム化対象の組織の社員を全員解雇してアウトソーシングすべきだということでは、もちろんありません。

　事業部間、グループ間で重複する組織を統合して、その機能に特化した会社を分社化し、そこに一括で業務委託する方法があります。いわゆるグループ会社としてのアウトソーサーを設立し、そこに人を移して、統合、効率化するのです。人員はその会社に移籍させ、残った人材は他の付加価値業務に振り分けます。

　分社化せず、この機能会社を他社に売却し、アウトソーシングする手もあります。これをビジネス・プロセス・アウトソーシング（BPO：Business Process Outsourcing ➡詳しくは56ページ参照）といいます。

　BPOであれば、本体の人員縮小で社員がいきなり失業してしまうという状況を避けることができます。売却する企業側にとっても、少なくとも単なるリストラによる費用流出と異なり、売却として資金が流入する利点があります。

　大企業は新しい仕事を次々に立ち上げていくので、放っておけば、間接部門が仕事の増加に伴って肥大化していきます。企業として付加価値のない業務にどんどん社員が使われることでコスト高になり、競争力を失っていきます。アウトソーシングは大企業をスリム化し、再び競争力を取り戻すための改革手法なのです。

⊘ アウトソーシングで大企業はスリム化できる

大企業 大企業は放っておくと組織が肥大化する

アウトソーシングによるスリム化と分社化による人材の最適化をねらう

アウトソーシングで浮いた人材を戦略分野に投入

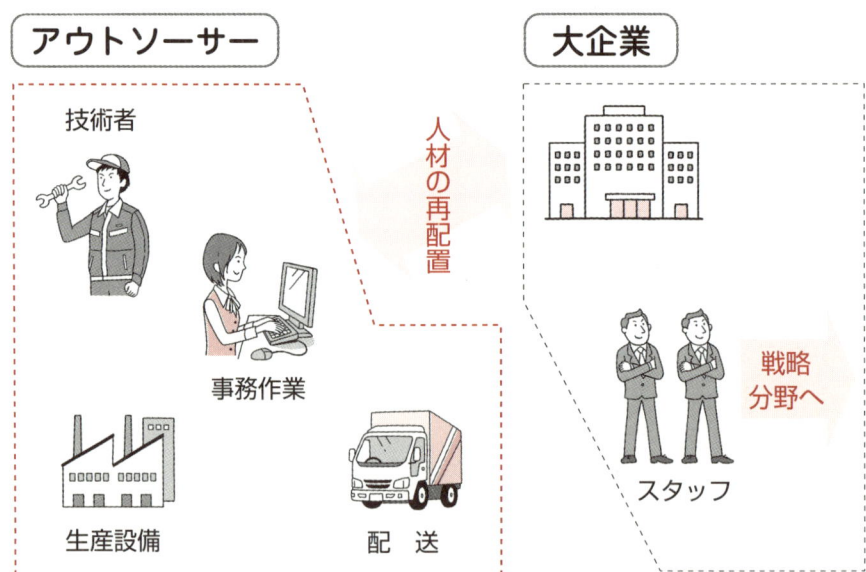

分社化によるアウトソーシングでスリム化したり、アウトソーシングにより"浮いた"人材の戦略分野への投入ができる

● **大企業にとってのアウトソーシング活用機会のチェックリスト**

	Yes	No
①事業部制、カンパニー制を採用している	☐	☐
②あちこちに同じような業務機能が存在する	☐	☐
③組織は常に拡大してきており、組織が縮小したことはない	☐	☐
④毎年右肩上がりに社員が増えている	☐	☐
⑤自社の成長性が最近鈍化してきた	☐	☐
⑥自社の利益率が低下してきている	☐	☐
⑦自社人員は長年同じような仕事をしている	☐	☐
⑧自社社員だけで高度な専門スキルに追従できない	☐	☐
⑨自社社員のサービスにクレームがくるようになった	☐	☐

※1つでも **Yes** があれば、アウトソーシング活用機会が存在する

第1章 アウトソーシングの効果で会社力をアップ！

> **ここが重要**
>
> 大企業は、自社の成長に合わせて人材を採用し、組織を肥大化してきた。多くの場合、一度も組織のあるべき姿が検討されてこなかったといってよい。アウトソーシングによって、組織のあるべき姿を考え、人材の再配置を通じてスリム化をねらう

4 変化が激しいからこそ アウトソーサーにもチャンス

▎ノウハウを生かした信頼を得る提案で
▎アウトソーサーは躍進できる

◆普及とともにアウトソーサーの切り替えも進んでいる

　変化が激しくなり、企業の組織の再構築のスピードがアップしたため、業務を受託する側のアウトソーサーにとっても、ビジネスチャンスが広がっています。いまや企業の大小にかかわらず、自前主義をやめてアウトソーシングすることが一般化してきました。そのため、外部組織を使うことに慣れてきている企業も多くなりました。

　アウトソーシングの経験を積んだ企業ほど、アウトソーサーのサービスレベルに対して厳しい評価を下すものです。アウトソーサーにとって、一度受託すれば半永久的に仕事が流れてくるという時代ではなくなってきています。

　切り替えるために発生する「スイッチングコスト」がかかるため、そうそう変更されることはないと高をくくっているアウトソーサーが少なくありません。

　しかし、そうした思い込みとは裏腹に、システムもオープン化し、ノウハウもそれほど極秘ではなくなってきている分野では、頻繁に切り替えが発生します。物流、システム開発・運用、会計監査、法務、人事・採用、教育など、多様な分野でどんどんアウトソーサーの切り替えが進んでいます。

　アウトソーシング利用のハードルが下がるほど、アウトソーサーにとっても厳しい状況になってきているのです。

◆継続するうちに企業とアウトソーサーの利害が対立する

　本来、アウトソーサーは、企業がリソース不足、専門家不足で困っているニッチ（隙間）な分野、付加価値の高くない間接業務分野にサービス提供のニーズを見つけて成長してきました。

　会計、人事、システム、その他さまざまな分野でアウトソーシング分野が発展したということは、それだけ企業側のニーズをとらえたということです。

　しかし、一度仕事を受託して企業に入り込んでしまうと、どういうわけか仕事が惰性になっていきます。企業側は毎年業務サービスレベルの向上とコストの低減を求めますが、アウトソーサー側にそうしたインセンティブ（積極的な動機）は生じません。

　サービスレベル向上もコストダウンも、アウトソーサーの収益を押し下げる可能性があるからです。こうして、アウトソーサーと委託側企業の利害が対立するようになってしまうのです。

　委託側企業にとって、アウトソーサーは専門家と目に映ります。たゆまぬ継続的改善を積み重ね、最先端の知識と最高の業務品質を提供すべく改善提案をしてくるものと期待しています。単なる契約上の委託先という存在を超えて、仕事のパートナーとしてビジネスに積極的に貢献してほしいと考えています。

　にもかかわらず、いまの仕事以上に仕事を変えたくないとアウトソーサーが思うとなると、その対応を見て、「最低限のレベルしか達成していない」と委託側企業は思ってしまうのです。やる気がなく、お金ばかりとって、仕事を改善する意思をもたない相手と見えるため、委託側企業にいらだちが募っていくのです。

　委託側企業は単なる現状維持を望んでいるのではありません。品質の向上、コストダウン、さらに変化への対応をしたいと望んでおり、アウトソーサーにもその提案を望んでいるのです。

◆アウトソーサーにとって、いまがビジネスチャンス

　変化の激しい時代になり、企業は革新を望んでいます。しかし、企業内にいては、自社の業務経験しかなく、考えられる案にも限界があります。情報を集めようにも、集められる情報はたいしたものではありません。企業内にいるかぎり、視野、経験は限られてしまうのです。
　一方、アウトソーサーは同じ業界内、あるいは別業界の事例を多くもっています。最新の考え方や最新の技術なども知っています。受託先が、一企業に限定されているのではないため、広い視野と経験をもち合わせているのです。
　当然、守秘義務に反しない範囲に限定されますが、こうした経験やスキルを企業の革新に役に立つように提案できるのは、アウトソーサーの強みです。どんどん提案して、委託側企業の業務改革に貢献することで、仕事を拡大していくことも可能なのです。
　ただし、そうした提案が、単にアウトソーサー側が儲かるだけになるような提案では信頼を失います。アウトソーサーは委託企業の永続的なパートナーとして、考え、提案していくべきです。その評判は、委託企業内だけでなく、業界内でも共有され、多大なビジネスチャンスをアウトソーサーにもたらすのです。Win-Win（双方とも利益を得る）の関係がアウトソーシングには重要なのです。
　アウトソーサーにとっては、いまがビジネスチャンスです。変化のスピードが速くなり、大企業も中小企業も、自社の人員だけでは対応できなくなっています。
　一方、コスト競争も厳しくなっているため、たくさんの人員を抱えていることも不利になっています。高い品質の業務をリーズナブルな価格で提供できるアウトソーサーは、これからもたくさん仕事を取っていくことができるでしょう。

⊘ アウトソーサーにとっては多くのビジネスチャンスがある

第1章 アウトソーシングの効果で会社力をアップ！

中小企業

中小企業には情報が少ないので、アウトソーサーのもつ最新事例はよい参考になる

アウトソーシング

生産設備

事務作業

技術者

配送

アウトソーシング

アウトソーサー

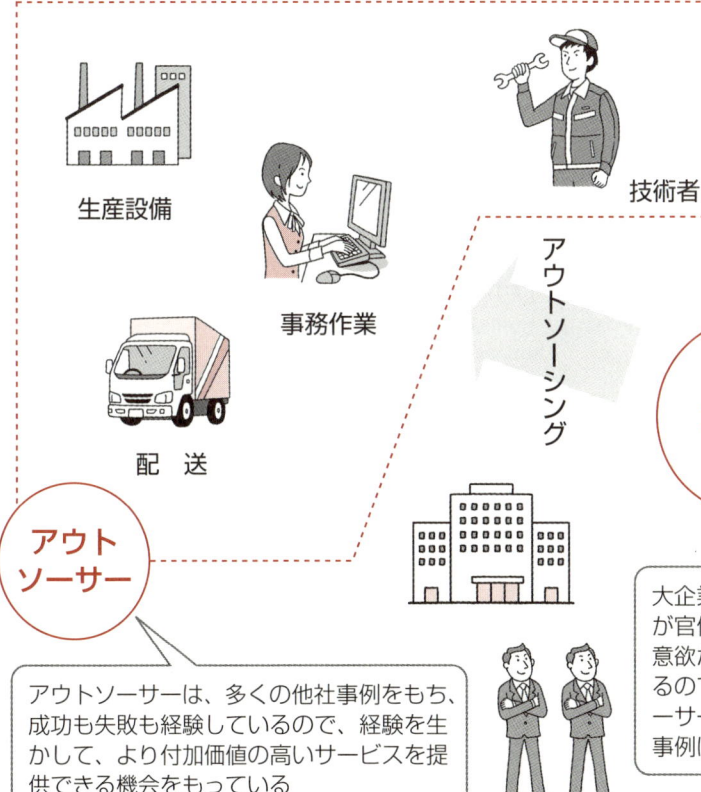

アウトソーサーは、多くの他社事例をもち、成功も失敗も経験しているので、経験を生かして、より付加価値の高いサービスを提供できる機会をもっている

大企業

大企業では、組織が官僚化し、学習意欲が低下しているので、アウトソーサーのもつ最新事例は刺激になる

変化の激しい現代は、中小企業向けも、大企業向けもアウトソーサーにとってチャンスが多い

コラム ❶

アウトソーシングかインソーシングかを正しく判断する

◆丸投げするとアウトソーシングは失敗する

　アウトソーシングを単なる外注と考えてしまい、きちんとした準備もせずに実行して、失敗する企業が後を絶ちません。

　とくに多いのが、アウトソーサーに業務を丸投げしてしまったケースです。効果がないうえに、多額の費用を払うはめになり、しかも何年も契約で縛られて経営上の意思決定を阻害するようになります。

　アウトソーシングに失敗した企業の一部は、アウトソーシングをやめ、自社の社員で行なうインソーシングに戻しています。これはこれでひとつの手段ですが、せっかくのアウトソーシングが、まったく意味のない改革だったといっているようなものです。

◆アウトソーシングは本当に失敗だったのかを検討する

　なぜアウトソーシングが失敗だったのか、きちんとした反省もなく、再びもとの業務に戻すだけでは、進歩がありません。もとに戻す労力も大変です。

　もう一度、きちんと自分たちの失敗を反省し、何を目標にすべきだったのか、失敗の原因はどこで、どう直せばうまくいったのか、きちんと見極める必要があります。そのうえで、インソーシングするか、アウトソーシングを見直すのか、決めるべきです。

第2章

補てん・コストダウンから戦略的活用へと進化

1 アウトソーシングの目的は進化している

▌現代のアウトソーシングには
　新旧含めて３つの目的がある

◆ 目的１　不足するリソースを補てんする

　アウトソーシングには、３つの目的があります。目的として最初に考えられるのは、不足するリソース（人材・設備など）を補てんするためのアウトソーシングの活用です。
　企業には、必ずしもすべての必要なリソースがそろっているとはかぎりません。企業としてどうしても行なわなければならない業務があったとしても、それをすべて社員でまかない切れないとき、アウトソーシングを活用するのです。
　アウトソーシングによって、限られたリソースを重要な分野に振り向けることができます。
　たとえば、製品を売るために営業を強化しなければならない企業があったとします。しかし、一方で、お客様とのやり取りのなかで受注処理、出荷処理、請求処理、経理処理などの付帯業務も行なわなければなりません。
　もし、こうした付帯業務に営業担当者が多大な時間をさかれているとしたら、製品を売るという重要な仕事がおろそかになるおそれがあります。こうした付帯業務を営業から切り離し、専用の人材で行なうことが理想です。
　しかし、そうした人材が常に自社にいるとはかぎりません。こうした際にアウトソーシングすることによって、不足しているリソースを補てんすることができます。

◎ **アウトソーシングには3大目的がある**

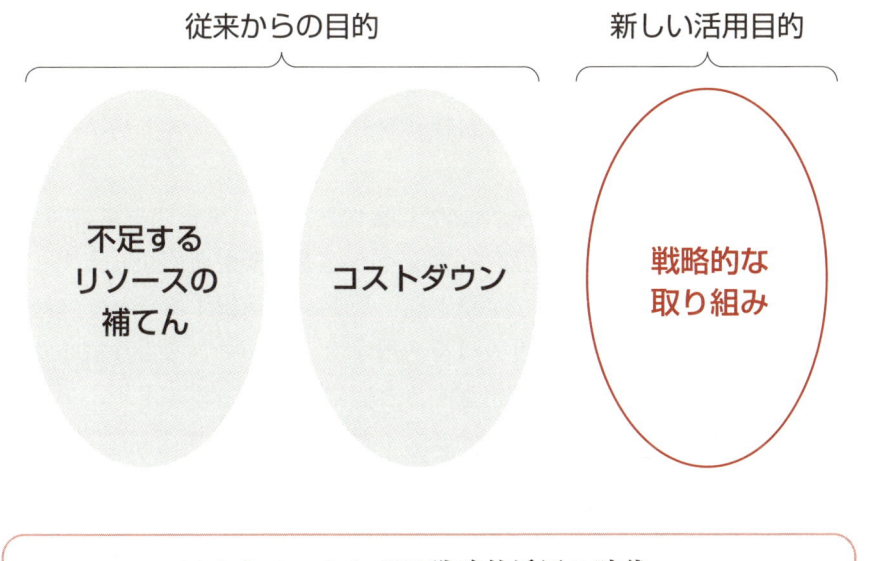

従来からの目的
- 不足するリソースの補てん
- コストダウン

新しい活用目的
- 戦略的な取り組み

アウトソーシングは戦略的活用の時代へ

◆ **目的2　コストダウンの手法として活用する**

　2つ目の目的は、アウトソーシングをコストダウン手法として活用することです。アウトソーシングに関連したコストダウンは、ある業務を行なうにあたって、社内リソースで行なう場合とアウトソーサーで行なう場合でコスト比較を行ないます。
　比較の結果、アウトソーサーがより安価であれば、アウトソーシングを採用することでコストダウンを実現させます。
〈多品種少量生産に対応し固定費を変動費化する〉
　たとえば、電子機器を製造するメーカーがあったとします。このメーカーは多品種少量生産になっていて、製品にはさまざまな基板を組み込んでいるとします。そうすると、さまざまな基板を作るための専用の機

械が何台も必要になります。作業する人員もそれぞれ必要で、教育も大変です。

　多品種少量であるため、需要に変動があると必ずしも機械、人員の稼働状況が高くならず、コスト高になります。遊んでいる機械や手待ちの人員が生じるからです。機械も人員も、投資が必要なうえに、固定費となります。多品種少量の基板を自社リソースで作るとコスト高になるのです。

　こうした場合、アウトソーシングします。アウトソーサー側の設備、人員を使うことで、自社にリソースをそろえる必要がなくなります。需要の変動に応じて、機動的にアウトソーシングを活用することで、必要なときに、必要なだけ設備と人員を活用することができるようになります。こうすることで、自社で用意すると固定費化するコストを、アウトソーシングによって変動費化し、コストダウンを図るのです。

〈利益率等が高い仕事を社内、安い仕事を社外に振り分ける〉

　同様に、自社のリソースで行なうのがもったいない場合もあります。社員の給料が高い場合、社員に利益率や売上単価の低い仕事をさせるのは損です。利益率や売上単価の高い仕事を社員に割り振り、低い仕事をコストの安いアウトソーサーに振り分けることで、原価を下げて利益を稼ぐことができます。社内のリソースとアウトソーサーのリソースを上手に組み合わせて、最大利益を稼ぎ出せるように、コストダウンを図ることができるのです。

〈自社リソースの外部化で固定費の変動費化を進める〉

　コストダウンをさらに追求する方法として、自社のリソースそのものをアウトソーサーに売却してしまうという方法もとられます。固定費化する自社リソースが、アウトソーサー側に移ることで、業務量に応じた契約が可能になり、変動費化させることができるのです。BPO（Business Process Outsourcing）と呼ばれる手法です（➡56ページ）。

　売却しないまでも、自社グループ会社として独立させることで仕事を契約にし、変動費化することでコストダウンする方法がとられる場合もあります。自社グループ会社とはいえ、独立した企業になるため、アウ

トソーシング契約を結ぶわけです。

BPOやグループ会社として独立させることは、固定費となるリソースを外部化によって変動費化することを目的としたコストダウンがねらいなのです。

◆ 目的3　戦略的な意図をもって取り組む

3つ目の目的は戦略的な意図をもったアウトソーシングです。自社の戦略に合わせて、適切なアウトソーサーと組むことで、戦略的な意図を実現するのです。

たとえば、物流領域で24時間365日切れ目なく、そして迅速に製品を輸送することが重要な競争力になる業界があったとします。今までの自社グループ会社の物流では、とうていこうしたことは実現できません。

まず、人が足りません。輸出書類を短時間で作成し、迅速に通関手続きできるだけのノウハウもありません。そのつど輸送予約を行なうため、必ずしも予約が空いているともかぎりません。自社ではとうていできないことだとします。

しかし、こうしたことを得意とする物流アウトソーシングを受託する物流業者が存在します。このような専門業者にアウトソーシングすることで、24時間365日の輸送を実現し、海外にも24時間、あるいは遅くとも48時間で届けることが可能になります。自社ではできなかった戦略的な施策をアウトソーシングで実現できるのです。

アウトソーシングによって、自社では構築できなかった戦略的な優位性を構築し、大きく売上げ・利益を伸ばしていくことも可能なのです。

こうした戦略的なアウトソーシングは、中小企業でも大いに役立ちます。企画力や技術力に優れた中小企業が、新たな製品を開発したとしても、自社だけでその製品を販促することがむずかしい場合、専門のPR会社や広告代理店にセールスプロモーションをアウトソーシングし、効果的に市場に浸透させることも可能になります。

このように、アウトソーシングは戦略的に活用する時代に入りました。

2 人というリソースに注目

> 人の調達は簡単な定型業務から高度な専門業務まで幅広い領域がある

◆アウトソーシングでは人材と設備に注目する

　アウトソーシングで注目する対象は主に2つです。ひとつは人材、もうひとつは設備です。

　人材と設備の扱い方で、次のように、いろいろな組み合わせができてきます。

---

① 設備は自社持ちで人材だけをアウトソーシングで調達する場合
② 人材は自社、設備はアウトソーシングという場合
③ 人材も設備もアウトソーシングという場合

　人材も設備も自社でそろえると固定費になるところを、それぞれをサービスという形態に変えて、変動費化して安く手に入れるのです。

◆人材をアウトソーシングで手に入れる

　主に行なわれているアウトソーシングは、人材に関するアウトソーシングです。設備は自社持ちですが、仕事を遂行する主体として外の人材を活用することが一般的です。この分野は比較的早くからアウトソーシングが実施されてきました。

　工場やオフィスを自前でそろえて、そこで働く人材をアウトソーシングで獲得し、活動を行なおうとする企業は多いことでしょう。

◎ 自社の設備を用いて人だけアウトソーシングで調達

人をアウトソーシング

事務補助　秘書　現場事務職員
コールセンター　IT専門職　スタッフ　熟練工

自社設備

工場　配送車両　オフィス　倉庫　IT機器

人だけが不足している場合に使う方法で
自社の設備の有効利用ができる

◆派遣社員もアウトソーシングの一形態

　従来からある人材派遣業もアウトソーシングの一形態です。仕事のすべてを社員で行なわず、定型的な業務、補助作業などを派遣社員でまかなうことで、組織全体のコストを抑え込むことに使われてきました。
　人材派遣は制度的にも整備されてきています。仕事のメニュー化、派遣料金のテーブル（一覧表）化が進み、契約体系が整備され、透明性が

第2章　補てん・コストダウンから戦略的活用へと進化

確保されてきています。教育も施され、必要なスキルレベルに合った一定の資格をもった派遣社員が、契約によって派遣されてきます。法律も整備され、効率的に対応ができるようになってきています。

　委託側企業にとっては使い勝手がよくなった派遣社員制度ですが、一方で仕事の指示の仕方も問題になってきています。本来は契約で取り決められた仕事以外は指示してはいけないことになっていますが、長く派遣されている場合、自社の社員以上の仕事をこなすようになってしまい、取り決め外の仕事を依頼してしまうケースが散見されます。

　また、残業などをさせる場合も事前の調整が必要なのですが、突然の残業依頼があったり、社内調整や高度な専門性を必要とする仕事に駆り出されたり、社員との境界線があいまいになっていることがよくあります。社員のリソース不足だけでなく、スキル不足まで派遣社員が補てんする状況になりつつあるのです。

　同じ仕事をしているのに社員は手厚い福利厚生があり、派遣社員にないのは公平性の点で問題です。この点は今後改善されていくことでしょう。また、委託側企業が指示を出す派遣社員形態であるにもかかわらず、請負契約を交わす偽装請負の問題も出てきています。

◆ 重要な人材もアウトソーシングで獲得できる

　定型的業務などを補助的に行なうことが派遣社員の役割です。本来のアウトソーシングは、こうした低付加価値業務、定型業務の補助的リソース補てんとして行なわれてきたのですが、最近は高付加価値業務、非定型業務でもアウトソーシングが活用されています。

　専門性を必要とする業務のアウトソーシングも盛んです。会計知識、法律知識、ITのスキルなど、プロを育成するには相当の時間が必要になるため、そうした専門性をすぐに手に入れるためにアウトソーシングを活用します。こうした人材は、重要な業務機能を担うのですが、自社ではなく、外部のプロを雇うことで、即時に効率的に業務が遂行できるようにするのです。

🚫 人に注目したさまざまなアウトソーシング

事務補助／コールセンター／現場事務職員

IT専門職／秘書／スタッフ／熟練工

派遣社員や委託契約で事務作業やルーティン業務をアウトソーシング

委託契約で重要な人材もアウトソーシング

第2章 補てん・コストダウンから戦略的活用へと進化

> 定型作業のような付加価値のない業務をアウトソーシングするだけでなく自社で重要な業務もアウトソーシングすることができる

　一方、高付加価値業務もアウトソーシングされてきています。企画、設計、営業、プロジェクトマネジメントなど、定型化されず、高度な分析と判断、実行を必要とする業務でも企業で人材がまかなえなくなってきているのです。こうした業務では、業務委託契約を結んで、時間や成果物で仕事の報酬を決め、支払いをしていきます。

　また、システム運用やコールセンターなどのサービス業務を主とする非定型的な業務では、サービスレベルを規定して、サービスレベルが維持されているかどうかをチェックして、支払いを決める場合もあります。

3 設備というアセットに注目

> 設備と人の調達を戦略的にミックス
> させることで効果が高まる

◆一般的には自前の設備を使う

　設備というアセット（資産）を自前でそろえるか、アウトソーサーの設備を活用するかでちがいが出ます。自社設備を使う場合が一般的で、主に人材やサービスをアウトソーシングします。前節で紹介したのがこの形態です。

◆サービスを伴うのがレンタルとのちがい

　一方、設備をアウトソーシングの対象にすることがあります。付帯するサービスなしで、設備だけの場合、レンタルという分類になりますが、サービスが付帯する場合はアウトソーシングと呼ばれます。
　たとえば、倉庫だけを借りる場合は倉庫のスペースレンタルになりますが、付帯する業務サービスとして、入手庫や棚卸しなどを依頼すれば、アウトソーシングになります。単なる「物置」として倉庫を借りるのではなく、人材、サービスと設備を丸ごと借りて、業務運用の一環として使用するのであれば、アウトソーシングという形態になるのです。
　設備を自社にもたないで、付帯する業務運用もサービスとして、合わせて委託するというのが、最も身軽なアウトソーシング形態です。しかし、一方で、業務上のミスが起きると致命的になりかねません。それだけに、委託側企業とアウトソーサーの間で、業務上の連携をしっかりと構築しておくことが必要になります。

⊘「人＋設備」で丸ごとアウトソーシング

人も設備もアウトソーシング

事務補助　秘書　現場事務職員

コールセンター　IT専門職　スタッフ　熟練工

工場　配送車両　オフィス　倉庫　IT機器

第2章　補てん・コストダウンから戦略的活用へと進化

人も設備もアウトソーシングすると
最も身軽なビジネス形態が構築できる

◆設備と人材を戦略的にミックスさせる

　設備と人材をどのように組み合わせてアウトソーシングを行なうかということが、アウトソーシングを行なう際の企業側の戦略的なミックスオプションになってきます。

　設備と人材の組み合わせは、どの分野で柔軟性を必要としているのかによって、選択が変わってきます。たとえば、製造機能をもつことが競

争力の場合、工場のラインは自社持ちで、あとは需要の変動に柔軟に対応して作業者をアウトソーシングで調達しようという考え方があります。工場労働者の派遣社員化は、この選択をより行ないやすくしたものです。

航空会社のフライトアテンダント（客室乗務員）の派遣化も同じことです。飛行機は自社、フライトアテンダントは増便に合わせて必要な人員を調達するという考え方です。

一方、設備そのものも柔軟に増減したい場合は、設備と人材両方をアウトソーシングで調達します。たとえば、自社の工場ラインも目いっぱい使っていて、さらに受注量が増えたとき、他社のラインと人材を借りて製造することがあります。協力会社に外注して製造をアウトソーシングするのです。

航空会社のコードシェア運航（共同運航便）もこれにあたります。飛行機もフライトアテンダントも他社から借りるのです。

◆中小企業は「もたない経営」を目指そう

このように、設備と人材をどのように組み合わせてアウトソーシングするのかという意思決定は、目的と効果を考慮して、企業がとることができる戦略オプションになります。

たとえば、設備を自社でもつという意思決定は、長期的な収益が見込める場合は正しい決定です。長期的な収益が見込めるのであれば、自社でリソースがコントロールできたほうがよいからです。

長期契約にもとづくアウトソーシングなら問題ありませんが、突発的な需要の波に対応しようとして、急きょ短期的な契約をしようとしても、アウトソーサー側に余力がない場合があります。こうした場合は、機会損失になりますから、やはり大企業は、長期の収益が見込まれるのであれば、設備は自社持ちという判断もあるわけです。

しかし、どちらかというと現代は、設備自体もできるだけ自社でもたないことを目指す方向になっています。これだけ変化のスピードが速くなり、経済情勢がダイナミックに変わる状態で、設備も人も自社でまる

⊘ 設備と人材の戦略的ミックスオプション

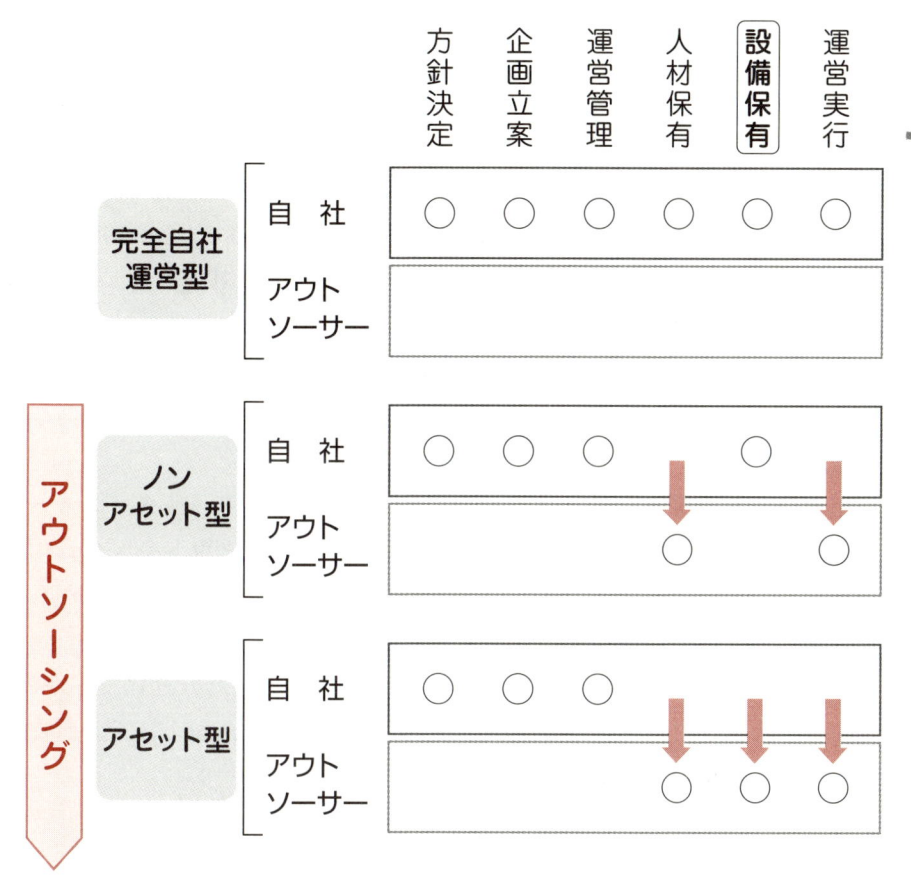

第2章　補てん・コストダウンから戦略的活用へと進化

		方針決定	企画立案	運営管理	人材保有	設備保有	運営実行
完全自社運営型	自社	○	○	○	○	○	○
	アウトソーサー						
ノンアセット型	自社	○	○	○		○	
	アウトソーサー				○		○
アセット型	自社	○	○	○			
	アウトソーサー				○	○	○

アウトソーシング

人と設備に着目するとアウトソーシングにはいろいろなオプションが考えられる

抱えするというのは、大きなリスクになりかねません。大企業ならいざ知らず、とくに中小企業は、「もたない経営」としてアウトソーシングの戦略オプションを上手に活用すべきでしょう。

4 「シェアドサービス」により サービスを効率化させる

▌コストダウンと戦略的サービスを
▌同時に実現する戦略オプション

◆大企業では肥大化する間接部門を分社化する

　アウトソーシングの形態として、外から調達するのではなく、もともと自社にあった機能を「分社化」してアウトソーサーにする方法があります。

　肥大化した間接部門を分社化することで独立性を高め、今までコストがかかるだけだったものを利益に関連化して、コストダウンやスリム化を可能にします。また、できればグループ外からの受注も獲得しながら、自社グループへの貢献を果たしてもらうことを目指す方法です。

　肥大化した間接部門のスリム化のために一時流行した分社化ですが、実際は子会社化した企業が親会社依存から抜け出せず、かえってお荷物になっている場合も散見されます。

◆グループ企業の重複機能を整理統合する

　分社化は、親子で1社体制ではなかなか効果が出にくいものです。しかし、グループ会社が集まって、グループで重複する業務機能をアウトソーシングする企業を設立することで、効率化が図れる場合があります。

　たとえば、経理や給与計算などはあらゆる企業に必要な機能です。こうした機能は企業ごとに保持されていますが、仕事の繁閑もあり、必ずしもいつも忙しいとはかぎらない場合があります。

　経理であれば、決算期は忙しくとも、通常の月はさほどでもなかった

◎ サービスをシェアするシェアドサービス型アウトソーシング

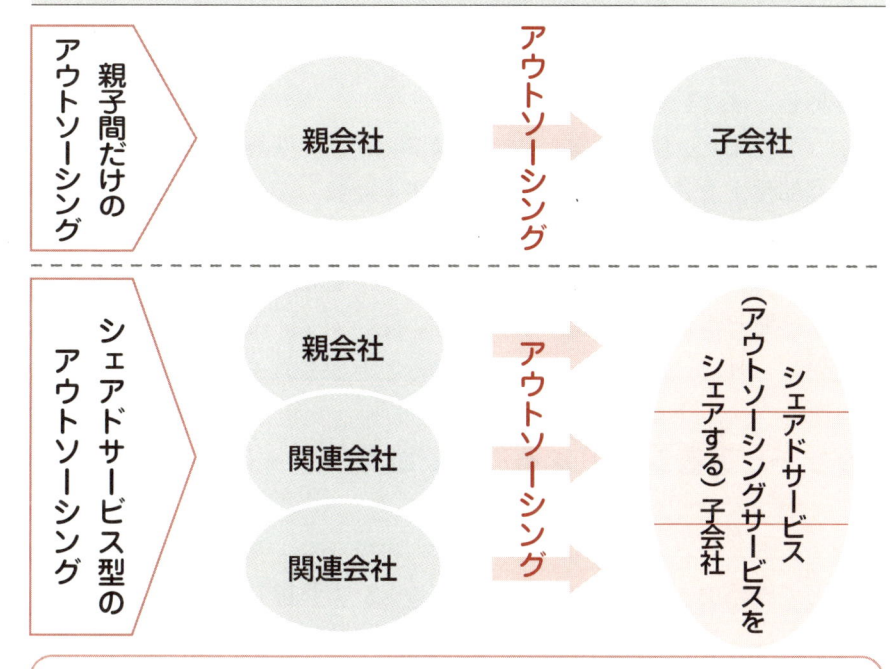

親子間だけのアウトソーシング

親会社 →（アウトソーシング）→ 子会社

シェアドサービス型のアウトソーシング

親会社／関連会社／関連会社 →（アウトソーシング）→ シェアドサービス（アウトソーシングサービスをシェアする）子会社

シェアドサービスは、重複機能を統合し、シェアすることで効率化を生む

◎ 親子間だけのアウトソーシング（分社化）が失敗する理由

- 子会社の親会社依存体質が改善されず、いつまでもお荷物状態が解消されない
- 親会社の支配力が強すぎて外部への販売が制限され、独り立ちできない
- 親会社から"天下り"で経営陣がやってきて、仕事をかきまわしてしまい、うまくいかない
- 親会社から"天下り"で経営陣がやってきて、子会社採用のプロパー（生え抜き）社員がやる気を失う

りします。給与計算は、ボーナス時期や年末調整などの追加処理がないとき以外は淡々と作業ができます。しかし、人材は繁忙期をベースにそろえられるため、どうしても通常期は過剰な人員を抱えてしまい、固定費を押し上げてしまいます。

こうしたことを回避するため、各社で重複した機能をアウトソーシングで外部化することで、繁閑の波をうまく吸収し、人材を削減してコストダウンを行ないます。この方法はシェアドサービスと呼ばれます。

人材をシェアし、会社ごとの繁忙期のズレを利用して、各社がもっていた繁忙期対応の最大人員を減らしていくのです。これにより人材の最適化が図られ、コストダウンを実現することができます。

◆サービスをシェアすることで戦略的サービスを実現する

シェアドサービスは、コストダウンだけでなく、サービスをシェアすることで戦略的なサービスを実現することにも貢献します。

たとえば、1社でコールセンターを運営していた場合、仕事量も限られるため、雇える人数にも限界が出てきます。人数が少ないため、夜間や土日対応をする人材が雇えない場合もあります。

しかし、複数の企業が集まれば、取引量も増えます。その際、コールセンターサービスを共同化すれば、繁閑のバランスもとりながら、共同化で増えた取引量に合わせてコストシェアが可能になります。そうなると、いままでできなかった夜間対応や土日対応も可能になり、サービスレベルを劇的に向上させることができるのです。

この例はコールセンターサービスをシェアすることで、コストダウンとサービスレベル向上を同時に実現する方法です。同じような考え方は、共同配送や共同保管による物流サービスのシェア、システム運用のシェアド化による運用サービスのシェアなど、多くの分野で応用ができます。

アウトソーサーの目で見ると、シェアドサービス化によって、コストとサービスレベルを最適化して顧客に提案ができ、競合に対して競争力を向上することができます。

シェアドサービスによるコストダウン

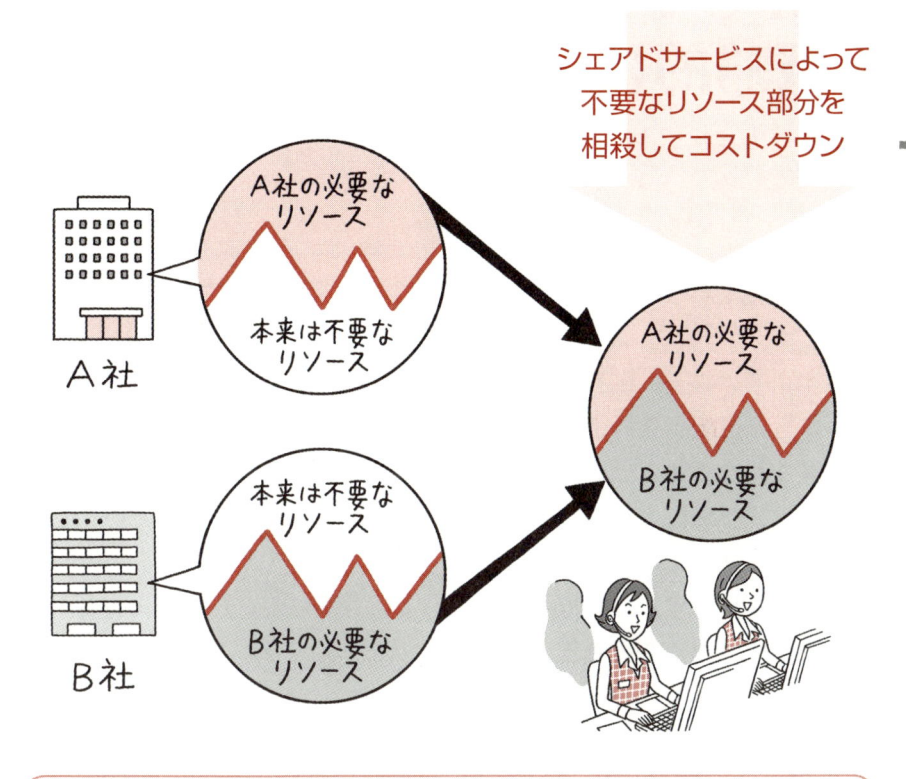

シェアドサービスによって不要なリソース部分を相殺してコストダウン

A社の必要なリソース
本来は不要なリソース
A社

本来は不要なリソース
B社の必要なリソース
B社

A社の必要なリソース
B社の必要なリソース

> シェアドサービスは、重複機能を統合し、シェアすることで不要な固定費を削減することができる

　通常、自前主義の場合、繁忙期に合わせたリソースを保持する必要があるため、リソースが過剰になり高コストになることがよくあります。コスト高になるため、顧客が要求するサービスレベルを達成できるだけのリソースが単独では準備できない場合もあります。こうしたリソースのアンバランスを解消し、コストダウンとサービスレベル向上を同時にねらうシェアドサービスはアウトソーシングのひとつの重要な戦略オプションになるでしょう。

5 BPOで人と組織を戦略的にスリム化できる

■ 自社の人材ごと業務を売却し
■ 質の高いサービス提供を受ける

◆ 新しいアウトソーシングの波として注目されるBPO

　日本企業の場合、既存組織のもつ業務機能をアウトソーシングするといっても、欧米企業のようにアウトソーシングの実行と同時に大幅な人員削減を行なえるとはかぎりません。

　通常は、浮いた人材を別な業務に振り向けることで活用していくというのが、日本企業のやり方です。

　社員を大切にするやり方としては、よい方法です。しかし、右肩上がりに成長できなくなった日本企業にとって、必ずしも人材を振り向ける仕事が常にあるわけではなくなってきています。

　そこで、登場してきたのが、BPO（Business Process Outsourcing：ビジネス・プロセス・アウトソーシング）と呼ばれる新しい考え方の改革手法です。

　BPOは、アウトソーシングする業務に携わっている人員も併せてアウトソーサーに売却し、いままで自社の社員だった人材をアウトソーサーの社員化してサービスの提供を受ける方法です。

　これにより、いままで自社に抱えていた人材が減り、委託側企業はスリム化が達成できます。アウトソーサー側は、委託側企業の業務を熟知した人材を獲得できるため、その会社の言葉や業務を教育する手間が省けます。

　BPOは、そのまま戦略提携にもなり、委託側企業とアウトソーサー双方にとって非常にメリットの高い方法です。

⊘ BPOで人と資産をアウトソーサーに売却する

	方針決定	企画立案	運営管理	人材保有	設備保有	運営実行
自社	○	○	委託	売却	売却	委託
アウトソーサー			○	○	○	○

BPO

人材や設備も引き受け、アウトソースする Business Process Outsourcing という手法。これにより人材や設備をアウトソーサーに買い取ってもらい、委託企業側は身軽になれる

◆スリム化と競争力の同時実現が可能になる

　すでに述べたように、BPOはスリム化を実現する手段です。それだけではなく、委託側企業の競争力向上にも貢献します。
　一般に、一企業のなかで長く業務を行なっていると、社員のスキルは陳腐化し、時代遅れの業務を営んでいる場合がよくあります。社員になってしまうと、競争原理が働かず、十年一日のように同じような仕事を繰り返してしまい、競争力のある新しい技術や方法を学ばないままに過ごしてしまうことがあるからです。

一方、BPOで委託側企業の人員を引き取るアウトソーサー側は、たいていはその分野のプロです。多くの経験を有していることが普通で、最先端のノウハウ、スキルを保持していることも多くあります。激しい競争にさらされているため、日々進歩していく必要に迫られているのです。

　BPOで引き取られた人材は、こうしたアウトソーサーの最新のノウハウを学び、スキルを改めることができます。これにより、いままで十年一日のように行なってきた低レベル業務が改められ、高い品質の業務が提供される可能性があるのです。

　こういうことが実現すれば、BPOは単に組織をスリム化するだけでなく、企業の競争力を高めることに貢献することができるのです。

　日本ではあまりなじみがなかったBPOですが、欧米では日常的に行なわれているリストラクチャリングの手法です。組織売却の手法としても活用されています。ただし、単なる売却ではなく、一組織を外部化して、引き続き業務サービスを提供してもらうことで、低コストで高品質の業務のアウトソーシングを手に入れることが可能になるのです。そのうえ、もと自社の社員だったので、企業文化を熟知している利点もあります。

　BPOは、どの業務機能を売却し、どの業務機能を自社に残すべきかという「選択と集中」を企業側に考えさせ、アウトソーシングをより戦略的に活用する方法論なのです。

第 **3** 章

10のステップを踏めば
導入は成功する

1 手順を正しく踏んで導入しよう

▌正しいステップで実施しないと
自社の力を弱める危険がある

◆アウトソーシング実施までは10のステップがある

　アウトソーシングを実施するための手順としては、以下のようなステップを踏みます。

- ステップ①　企業のコアビジネスの見極め（➡62ページ）
- ステップ②　アウトソーシングすべき機能分野の検討（➡72ページ）
- ステップ③　アウトソーシング形態の検討（➡76ページ）
- ステップ④　アウトソーシングプロセスを設計する（➡80ページ）
- ステップ⑤　アウトソーシングのねらい・想定効果を設定（➡84ページ）
- ステップ⑥　アウトソーサー選定コンペの準備（➡88ページ）
- ステップ⑦　アウトソーサーを選定する（➡100ページ）
- ステップ⑧　アウトソーシング契約のポイント（➡110ページ）
- ステップ⑨　業務引き継ぎ（➡112ページ）
- ステップ⑩　アウトソーサーの管理方法の設定（➡116ページ）

　単に不足リソースを補うために行なう場合、①、②のステップは飛ばしてもかまいません。あるいは、すでにアウトソーシングする業務領域が決まっていて、コストダウンなどが目的の場合であれば、①、②のステップは軽く行なえば十分でしょう。
　しかし、アウトソーシングが自社の強みの強化とか、組織改変も伴って行なわれるといった戦略的な意図をもっている場合は、①、②のステ

ップをきちんと踏むべきです。①、②のステップなしに戦略的なアウトソーシングを実施した結果、本来自社の競争力を支えていた業務領域を外部化してしまい、長期的に弱体化してしまうおそれがあるからです。

◆業務領域の見極めに失敗したコンピュータ業界

競争力を支えていた業務領域を外部化した例として、コンピュータ業界があります。コンピュータの命であった演算装置の自社製造をやめてアウトソーシング（外部調達）してしまい、インテルなどの中央演算装置メーカーにコンピュータの死命を握られてしまいました。あるいは、ハードウエアに固執するあまり、オペレーティング・システム（OS）をマイクロソフトに握られてしまったIBM PC-AT互換機メーカーも業務領域の外部化で失敗した典型的な例です（➡詳しくは178ページ参照）。

自社にとって、最も競争力の源泉となるのは、どの業務領域かを見極めるのは、非常に重要なのです。

◆それぞれのステップに重要な意味がある

③以降のステップでは、まずアウトソーシングすべき機能分野を明確にすることも重要です。思いつきなどでアウトソーシングしてしまうと失敗します。同様に形態も重要ですし、実際にアウトソーシングする際は、アウトソーサーとの業務連携を考えて、業務プロセスを明確化しておきます。ねらいや想定効果を明確にしておかないと、結果的にアウトソーシングが十分意味があったのか検証できなくなります。ねらいや想定効果はきちんと描いておくべき内容です。

そのうえで、適切なアウトソーサーを選定するために、きちんとしたコンペを行ないます。いいかげんにアウトソーサーを選んでしまうと、後で変更するのは大変です。業務そのものを担ってもらうのですから、次々に交代させることは不可能だからです。

アウトソーシングは契約ですから、契約のポイントも重要です。

2 ステップ❶ 企業のコアビジネスを見極める

コアビジネスを把握し外部委託から
除外しておかなければならない

◆まず自社の戦略構想を明確にする

　アウトソーシングをするにあたって、最初に自社の戦略構想を明確にしておく必要があります。アウトソーシングでは、自社で行なう業務を外部委託しますから、どの業務領域をアウトソーシングすべきかを判断する材料が必要になります。外部委託する領域と内部に残すべき領域を判別するための判断基準が必要なのです。

　その判断基準が、自社の戦略構想です。戦略構想では、「ヒト、モノ、カネ」などのリソース（経営資源）をどこに重点的に投資するかが明確化されます。自社の重点対象を判断基準にして、自社にとって重要な領域とそうでない領域を見極めます。

　たいていの場合、「ヒト、モノ、カネ」などのリソースには制約があり、企業として投資先を限定せざるを得ません。強化したい業務領域にはリソースを投入し、そうでない領域にはできるかぎり貴重なリソース投入をやめ、別な手立てでなんとかしようと考えるのです。この別な手立ての一手法がアウトソーシングです。

　戦略構想が描かれていれば、アウトソーシングすべき領域を判断する際の基準を与えてくれます。戦略構想があいまいな場合、あるいはどの領域にもまんべんなく投資決定がされているような場合は、「選択と集中」が行なわれていないおそれがあります。この場合は、次節の「アウトソーシングすべき機能分野を検討する」（➡72ページ）のステップの検討方法を使います。

⊘ 自社のコアビジネスは何かをしっかり把握

コアビジネス → 自社の存在理由。自社が最も得意とする業務領域で、自社の競争力の源泉となる重要な領域

ノンコアビジネス → 自社の存在理由とは無関係。アウトソーシングの対象となる領域

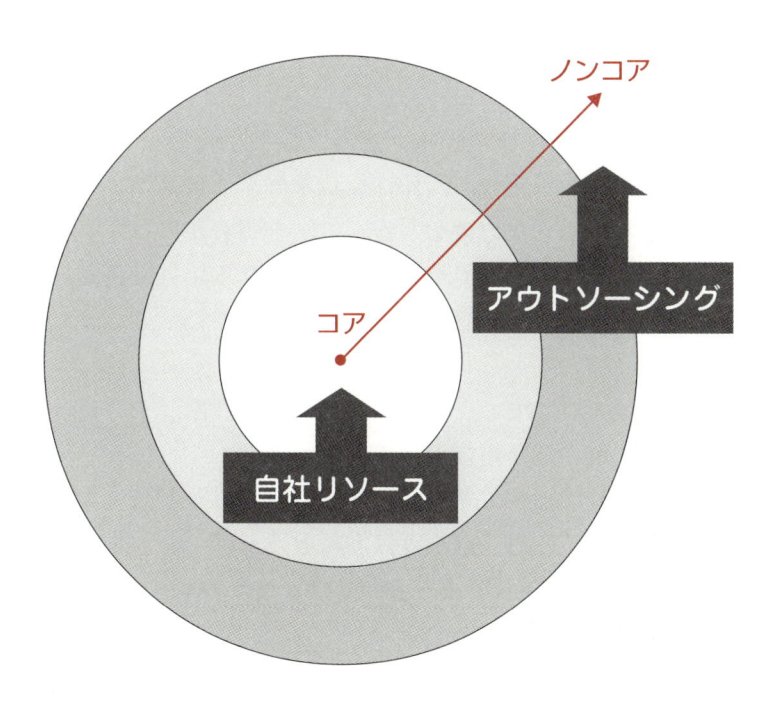

ノンコア

コア

アウトソーシング

自社リソース

コアビジネスを明確化する → コアビジネスを見極め、コアは自社リソースを集中し、ノンコアはアウトソーシング対象領域にする

第3章 10のステップを踏めば導入は成功する

◆自社のコアビジネスはこうして見つける

アウトソーシングする際に、基準となる自社のコアビジネスの見つけ方はいくつかあります。ここでは、2つご紹介しましょう。

① SWOT分析

SWOT分析とは、次の4つの要素を対比しながら、検討する方法です。

> 自社の強み（S：Strength）、弱み（W：Weakness）
> 自社の直面する機会（O：Opportunity）、脅威（T：Threat）

SWOT分析では、自社の強み、弱み、機会、脅威を4象限のマトリックスに並べて、それぞれの関係性を読み解き、自社のコアビジネスはどこか、今後どのような方策をとるべきかを明らかにしていきます。手順としては、まず、各象限でそれぞれ認識される項目を列挙していくことから始まります。

〈S（強み）〉

強みは、自社で認識する「顧客に支持される理由」や「競合他社に対する優位点」などの競争優位のポイントです。

仮に、競合他社に比べて絶対的に優位でなかったとしても、自社が顧客に支持されていると思われる点はどんどんあげていきます。競合他社の存在は、「脅威」の象限で書き表わせばかまわないのです。

〈W（弱み）〉

弱みは、自社で認識する「顧客クレームになりかねない事象」や「顧客離れが起きそうな点」を列挙します。

たいてい弱みはたくさん列挙されるのですが、ひるまずに、また落ち込まずにあげていくべきです。弱い点こそ、アウトソーシングで強化することで競争優位を獲得することもできるのですから、さほど気に病むことはありません。

アウトソーシング検討時の SWOT 分析例（インターネット データセンター設置）

	強み(S)	弱み(W)
	S-1 汎用機の経験とスキルに裏づけられた高い業務品質	**W-1** 新技術（オープン系／インターネット系）への組織的対応の遅れ
	S-2 高い業務知識と顧客経験の長さ、柔軟な対応力	**W-2** サービスメニューの不明確さとイメージ戦略の欠如
	S-3 設備選択のフレキシビリティーの高さ	**W-3** 経験・スキルを共有しない文化と職人気質
	S-4 優れた設備と立地条件	**W-4** リスク、セキュリティーに対する制度的対応の不備
	S-5 グループウエアを使った効率的組織運営	**W-5** 基準整備が不十分で、全社で統一された業務・設計標準がない
	S-6 低価格	**W-6** 顧客を意識する文化がなく、受け身の業務になっている
		W-7 設備・建物の老朽化と設備設置上の不備
		W-8 原価計算に不備がある
		W-9 立地に問題点がある

	機会(O)	脅威(T)
	O-1 Eコマースの進展	**T-1** アウトソーサー選定基準が、開発技術とコストに移行
	O-2 データセンターニーズの高まり	**T-2** 競争業者の拡大
	O-3 必要な人員リソース不足によるアウトソースニーズ拡大とアライアンスの拡大	**T-3** 世界標準適合基準による選別
	O-4 投資効率の追求による"もつ"経営から"使う"経営へ	**T-4** 供給過剰のデータセンターによる価格競争の激化
	O-5 変化の激しい高度技術をタイムリーに、フレキシブルに外部調達するニーズ	**T-5** 技術者モラルとロイヤルティー低下
	O-6 高いセキュリティー技術をもったデータセンターへのニーズ	

第3章　10のステップを踏めば導入は成功する

〈O（機会）〉

　機会というのは、市場の変化や新しい顧客ニーズの発生、競合他社の撤退など、自社にとってビジネス拡大のチャンスになりそうなことであり、該当するものを列挙します。

　仮にチャンスだとしても自社では生かせないなどと考えず、とにかく列挙します。いまは生かせなくとも、コアビジネスを定義し、アウトソーシングを活用すれば、ビジネス機会を手に入れることができるかもしれないからです。

〈T（脅威）〉

　脅威は、まさに自社のビジネスの存続にとって恐れとなることを列挙します。機会と脅威は背中合わせで、市場の変化そのものが脅威になる場合もあります。資本力のある競合他社の新規参入、法律の改正、代替品の登場なども脅威に該当します。

《列挙されたSWOTの項目を検討する》

　こうして列挙されたSWOTの各項目から、機会に対して自社の強みと弱みはどういう関係か、脅威に対してはどうかを分析します。機会に対して、自社は強みをもっているのか、あるいは弱みをもっているのか、あるいは弱みがあるために脅威が増幅されるのかといった具合です。

　前ページのSWOT分析は、ある企業がインターネットデータセンターを自社でもつべきか、アウトソーシングすべきかを検討したときの例です。

　この企業の例で見てみると、たとえば、Eコマース（電子商取引）の進展とデータセンターニーズの高まりから、機会としては自社でデータセンターをもつべき追い風を感じていました。しかし、弱みを見ると、新技術（オープン系／インターネット系）への組織的対応の遅れ、サービスメニューの不明確さとイメージ戦略の欠如、経験・スキルを共有しない文化と職人気質、リスク、セキュリティーに対する制度的対応の不備などが災いして、機会が生かし切れないとの判断になりました。

　一方、強みを見ると、汎用機の経験とスキルに裏づけられた高い業務品質、高い業務知識と顧客経験の長さ、柔軟な対応力、設備選択のフレ

キシビリティーの高さという項目がありました。

　そこで、この企業では、自社のコアビジネスが、「顧客に密着した業務知識、経験を生かしたサービス」と位置づけ、あえて自社でデータセンターという設備をもたずに、アウトソーシングを活用して、自社のリソースとせずにインターネットデータセンターとして使えるようにして、新しいサービスにも対応していくことを決定したのです。

　この企業は、単なるインフラでしかないインターネットデータセンターに目を奪われず、自社のコアビジネスが顧客密着のシステム運用と位置づけ、ソフト寄りのサービス強化にヒト・モノ・カネを投入することで大きな成長を遂げたのです。

　SWOT分析は、この企業の例のように、機会や脅威に対して、自社でもっている強み、弱みは何かを分析することを通して、自社のコアビジネスを見極め、自社で担うべき領域、アウトソーシングすべき領域を見極める方法です。

② 5つの力(Five Forces)分析

　もうひとつの方法として、5つの力（Five Forces）分析があります。これはハーバード・ビジネススクールのマイケル・ポーターが提唱した方法です。5つの力とは、企業自身と企業を取り巻く環境を読み解く際に、5つの切り口で考えようとするものです。

　5つとは、次の切り口です。

> 自社　　競合他社　　顧客　　供給業者　　代替製品

　自社とは、文字どおり、自社のもつ強みや弱みです。競合他社とは、同じ市場で顧客を取り合っている企業です。競合企業の強みや弱みを分析します。

　顧客とは、まさにその企業から商品やサービスを買っているお客様です。顧客を分析するのは、顧客がどのような存在かによって自社のビジネスが影響を受けるからです。たとえば、消費財を売っているなら、顧

客は一般の消費者ですが、自動車部品を売っているなら顧客は自動車メーカーです。

　顧客が違えば、顧客のもつ力の影響を受けます。たとえば、自動車メーカーが顧客なら、相手の交渉力が強く、いつも振り回されるということが起き得ます。同時に、競合他社を見た場合、同じ部品を顧客に納入していて、競合他社のほうがシェアも高く、資本力も圧倒的な場合、自社のコアビジネスを自動車産業から移動させる必要を感じるかもしれません。

　こういうときは、自動車メーカー向けの製造をアウトソーシングしつつ、自社で生きることができる別顧客向けの製品生産にリソースを集中させるという選択もあり得るわけです。

　供給業者とは、サプライヤーです。サプライヤーも時に力をもって、影響力を振るってくることがあります。最近はアルミニウムや石炭などの原材料業者の寡占化が進んでいて、こうした供給業者は価格交渉力をもちつつあります。

　代替製品も脅威です。ガソリン自動車に代えて電気自動車になった場合、従来の自動車メーカーやエンジン供給業者は困ってしまうでしょう。代替製品を取り込むのか、対抗するのかは重要です。

　こうした、自社の脅威とも機会ともなり得ることを、自社を含めた競合他社、顧客、供給業者、代替製品という5つの視点で分析するのが5つの力分析です。

◆既定のアウトソーシング業務領域も再チェックする

　アウトソーシングが決まっている場合でも、はたしてその領域をアウトソーシングしてよいかどうか、もう一度判断してみるべきです。コストダウンが目的だったりすると、あまり深い考えもなくアウトソーシングが検討されている場合があるからです。

　自社の戦略構想と合致しているかどうか、必ず確認します。コストダウンが先に立ってしまい、競争上重要な業務領域を外部化してしまうこ

アウトソーシング検討時の5つの力（Five Forces）分析

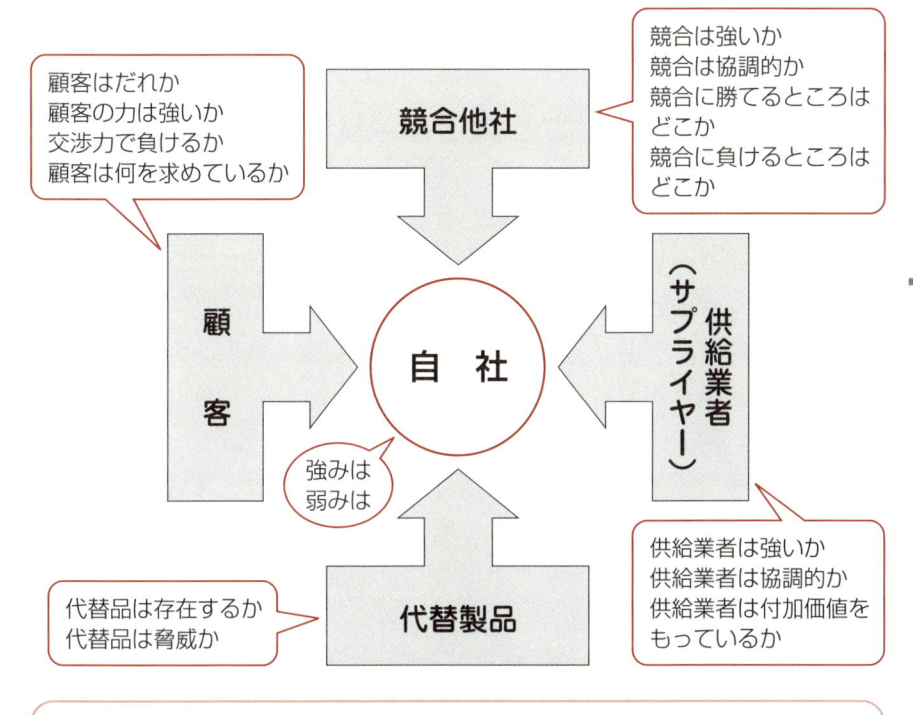

競合他社について
- 競合は強いか
- 競合は協調的か
- 競合に勝てるところはどこか
- 競合に負けるところはどこか

顧客について
- 顧客はだれか
- 顧客の力は強いか
- 交渉力で負けるか
- 顧客は何を求めているか

自社
- 強みは
- 弱みは

供給業者（サプライヤー）について
- 供給業者は強いか
- 供給業者は協調的か
- 供給業者は付加価値をもっているか

代替製品について
- 代替品は存在するか
- 代替品は脅威か

> 5つの力＝自社と自社を取り巻く環境
> （顧客、競合他社、供給業者、代替製品）

とだけは、避けなければなりません。

たとえば、IT部が丸ごと他社に売却され、アウトソーシングされた企業がありました。システム運用、開発と併せて、システムを企画する部門まで外部化してしまったのです。

その結果、自社内でシステムのことがわかる人間がいなくなり、あらゆるシステム導入が、アウトソーサーに左右されるようになってしまいました。自社でシステムを企画したり、システム投資を判断したりするスキルがなくなったため、アウトソーサーの言いなりになってしまったのです。

この企業では、戦略構想上はITの戦略的活用の重要性がうたわれていましたが、コストダウン目的で、IT企画という戦略上重要な機能も一緒に外部化されました。戦略構想とのすり合わせは重要です。

◆戦略構想との対比から大きなメリットが見つかる

　また、あえて戦略構想との対比を行なうことで、新たなアウトソーシング領域が見つかる場合があります。単にコストダウンだけを目的にアウトソーシングを行なう判断をした場合に刈り取れるメリットよりも、もっと戦略的にアウトソーシングしたほうがビジネス上、大きなメリットを得られる場合があるからです。

　たとえば、物流領域で、単に輸配送だけをアウトソーシングしていた場合、あくまで「運ぶ」という機能だけが外部化され、運送費だけがコストダウンの対象として評価される場合があります。

　しかし、こうした瑣末な視点ではなく、輸配送そのものが競争優位を生み出すことがわかった場合、アウトソーシングの様相が変わってきます。単に顧客まで運べばいいといった考えではなく、短時間で運ぶ、あるいは、顧客の納品要求時間にぴったり合わせて運ぶなど、顧客が望むサービスレベルを満たした形で輸配送アウトソーシングを考えることができたらどうなるでしょうか。それは、戦略的なアウトソーシングになっていきます。

　この場合、単に「運ぶ」ために荷物を引き渡して終わりではなく、顧客の注文をいつ受けて、どのくらい短時間で荷物を引き渡せるか、またアウトソーサー側も、どのくらい短時間で効率的に輸配送できるか、また、荷物引き渡しの時間に合わせられるかといったかなり込み入った業務連携を考えていかなければなりません。

　こうした努力のかいがあるような連携をきっちりつくり、戦略的アウトソーシングを構築することが正しいという判断も、戦略構想との対比を行なうから生じるのです。アウトソーシングの際には、思考停止せず、アウトソーシングの意義をきちんと検証すべきです。

自社のコアビジネスを見極めるプロセス

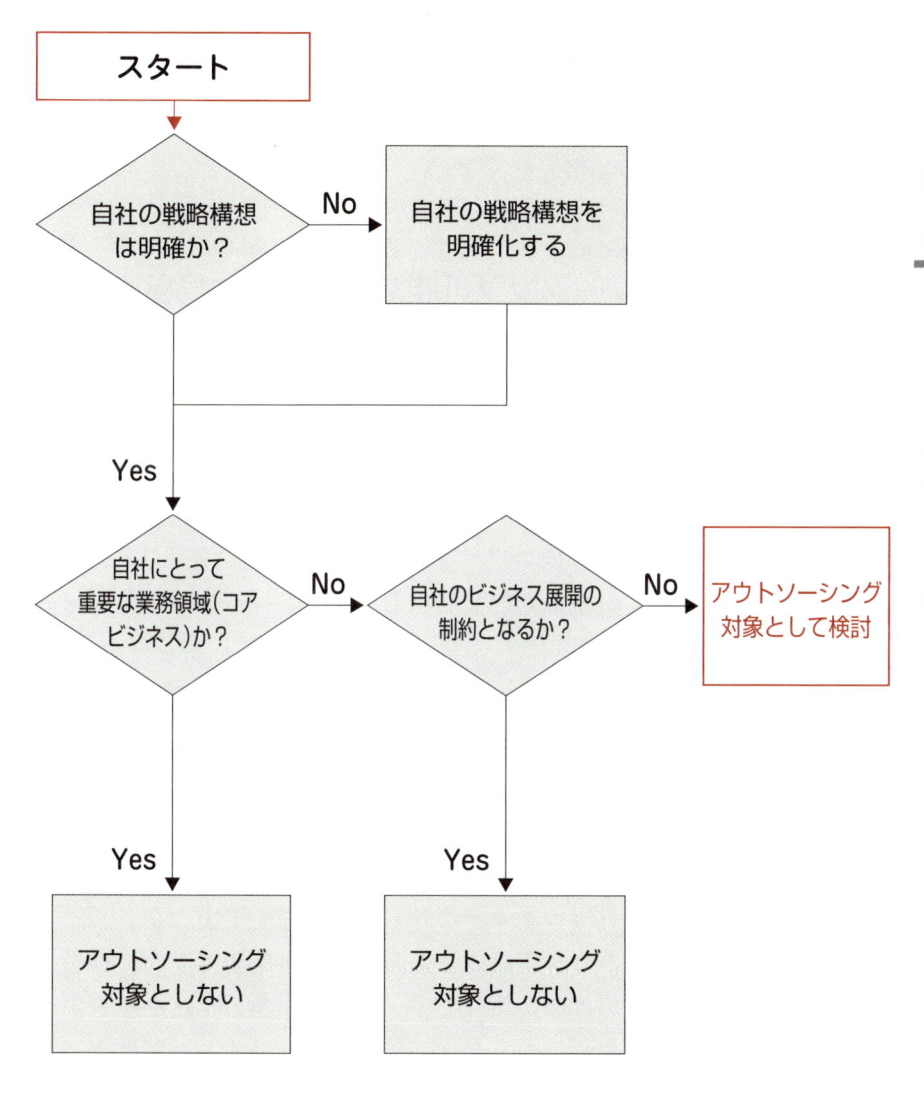

```
スタート
  ↓
自社の戦略構想は明確か？ ──No──→ 自社の戦略構想を明確化する
  │Yes                              │
  ↓←───────────────────────────────┘
自社にとって重要な業務領域(コアビジネス)か？ ──No──→ 自社のビジネス展開の制約となるか？ ──No──→ アウトソーシング対象として検討
  │Yes                                              │Yes
  ↓                                                  ↓
アウトソーシング対象としない                  アウトソーシング対象としない
```

> コアビジネスを見極め、アウトソーシング対象領域を明確化する

第3章 10のステップを踏めば導入は成功する

3 アウトソーシングすべき機能分野を検討する

ステップ❷

> コア業務を識別したうえで
> アウトソーシング領域を絞っていく

◆ 自社のアウトソーシング可能な業務領域を見極める

　戦略構想がアウトソーシング領域判断の基準として不十分であれば、別の判断基準で自社のコアビジネスを見極める必要が出てきます。そのための判断基準は以下のものがあります。また、この方法は、戦略構想がすでに明確であっても有効な手段です。

　この方法は、業務機能単位のアウトソーシング判断に使う方法です。その業務を担う人員、組織を丸ごとアウトソースできることを想定します。

① コア業務とノンコア業務を識別する

　自社にとって、その業務領域は競争力に直結するコア業務か、そうではないかを考察します。

　他社との差別化の要因になっているものは何か、顧客から最も支持されていることは何かを見極めます。これらはコア業務です。

　また、スキルやノウハウが蓄積できる業務はコア業務です。このような業務は、手放してはいけない領域です。同様に企業の存続を左右するような業務もコア業務です。たとえば、ニコンにおけるレンズ製造、花王における界面活性剤製造などです。

　コア以外の業務はノンコア業務と判断できますので、アウトソーシングの対象となります。

⊘ 自社で保持する機能はこの基準で判断する

	コア業務	ノンコア業務
戦略的業務	自社で行なう	アウトソーシング
定型的業務	アウトソーシング	アウトソーシング

縦軸（戦略的業務・定型的業務）と横軸（コア業務・ノンコア業務）の2つの軸で検討する

・ノンコア業務はすべてアウトソーシング
・コア業務であっても、定型的業務はアウトソーシング

② **戦略的業務と定型的業務を識別する**

　ある業務が、戦略的な業務で分析と判断や意思決定を伴う業務か、あるいは定型的で作業的な業務、だれが行なっても同じ結果となる事務処理業務かを識別します。定型的業務はアウトソーシングの対象です。
　たとえば、予算策定は戦略的業務ですが、受注、出荷などは定型業務です。前者はアウトソーシングできませんが、後者はアウトソーシングできます。

◆自社でリソースを集中すべき業務機能と区別する

　上記をまとめると、自社でリソースを集中すべき機能とアウトソーシング対象としてもよい機能が見えてきます。自社リソースで行なうべきなのは、コア業務、戦略的業務、経営支援業務と判断される業務です。それ以外は、アウトソーシング可能な業務と考えられます。

◆リスクを検討する

　アウトソーシングすべき領域の検討を終えたら、今度はその領域のアウトソーシングによって懸念されるリスクを検討します。
　業務機能上の軽重は図って検討したので問題がないように見えますが、権利関係で問題が出ることもあります。また、業務プロセスで見た場合に問題が出ることがあります。
　権利関係でいえば、設計業務を外注した場合、設計図面の権利がどちらに所属するかの問題があります。権利を自社で保持したい場合、はたして設計をアウトソーシングすべきか、あるいはCADオペレーションなどの作業レベルに限定すべきか検討します。
　業務プロセスでも同様です。たとえば、コールセンターをアウトソーシングしようとして、はたして、自社社員以外が対応することが顧客満足を維持するうえで正しいのかどうかも判断が必要でしょう。コールセンターを外部の人材が行なっているのがわかったとき、顧客離れが起きないかなどを検討すべきです。
　また、アウトソーサー側の社員による情報漏えいなどの問題が起きないか、きちんとセキュリティーの仕組みを考えることも必要です。近年、顧客情報の流出などで大打撃を受ける例が数多くありますが、そのなかの少なからぬ例がアウトソーサー側の社員の情報もち出しが原因になっています。情報漏えいリスクをきちんと検討し、アウトソーシングしてもよいかどうか、判断が必要です。

アウトソーシングできる機能分野とリスクの例

アウトソーシング機能分野	想定されるリスクの例
• 企画・戦略	企業戦略が外部に漏れないか、企業を知らない部外者が勝手な戦略を立てないか
• 採用	採用情報が外部に漏れないか、予期せぬ人材が採用されないか
• 給与計算	給与情報が外部に漏れないか、改定情報がうまく連携されるか
• 福利厚生	福利厚生委託先が破綻しないか、他社との相乗りで軋轢は生じないか
• 教育	教育内容が社内の方針に合致するか、教育内容が陳腐化していないか
• 経理	財務情報が外部流出しないか、決算に時間がかからないか
• 税務	税務申告にミスは生じないか、会計事務所のコンプライアンスは大丈夫か
• 法務	法務知識は最新か、法務対応はスピーディーか
• プロパティマネジメント	最新の手法は身につけているか、最新設備は知っているか
• 設計	設計機密情報が外部に漏れないか、権利関係は事前に取り決めてあるか
• 製造	技術情報が外部に漏れないか、アウトソーサーが競合企業にならないか
• 調達（直接材と間接材）	調達がタイムリーに行なえるか、コストダウンは継続されるか
• 物流	物流品質は大丈夫か、コストが硬直化しないか、改善はされているか
• 営業	きちんと売る力があるか、社会的な信用を失うような売り方はしないか
• マーケティング	コストに見合う成果が見込めるか、業界にパイプはあるか
• IT	各種情報が外部に漏れないか、最新技術は維持されているか、改善はされているか

第3章　10のステップを踏めば導入は成功する

4 ステップ❸

最適形態を検討する

■ 同じアウトソーシングでも
外部委託の形態はいろいろある

◆検討すべきアウトソーシングの形態

　アウトソーシングすべき機能領域が決まったら、アウトソーシングの形態を考えます。アウトソーシングの形態として考えられるのは、以下のようなものです。

①**派遣社員**：派遣社員も、外部リソースの有効活用という意味では、一種のアウトソーシングです。派遣社員の場合は、業務機能でいえば、定型的で作業的な業務、だれが行なっても同じ結果となる事務処理業務を主に任せます。小規模かつ、さほど重要でない業務をアウトソーシングする形態です。

②**作業単位のアウトソーシング**：作業の単位でアウトソーシングする形態です。調査業務のアウトソーシングや、包装工程、流通加工工程などの作業工程だけを外注化するものも、これにあたります。

③**業務プロセス単位のアウトソーシング**：経理や給与計算、不動産管理などの機能単位のアウトソーシングがあります。関連する一連の業務プロセス全部を任せる形態です。

④**組織全体のアウトソーシング**：業務機能を担う組織そのものをアウトソーシングする形態です。既存組織があれば、その組織がアウトソーサー側に売却されることもあります。倉庫と在庫管理、配送管理などをすべてアウトソーシングする3PL（サード・パーティー・ロジスティクス）などがあります。また、システム会社に企業のシステム運用部門を売却して組織全体をアウトソーシングする例も多くあります。

⊘ 個別指示から組織全体のアウトソーシングまで

```
組織全体のアウトソーシング
  業務プロセス単位のアウトソーシング
    (非定型も含む)作業単位のアウトソーシング
      定型的な作業アウトソーシング   人材派遣
```

アウトソーシングにはさまざまな形態があり、自社で採用するアウトソーシングの形態が最適になるように検討し、明確化しておく
➡ 決して行き当たりばったりにアウトソーシングしない

◆ 設備と人の組み合わせを検討する

　アウトソーシングするにあたって、自社の設備を使うか、それともアウトソーサー側の設備を使うかという設備の使い方も判断し、決める必要があります。
　自社設備を使ってアウトソーシングする場合は、基本的にサービスだけを買うことになります。支払いも提供されたサービス・役務に関する

分だけになります。これは、前に述べた①の派遣社員を雇う場合が典型ですが、②のような作業外注、工程外注もあてはまります。

一方、アウトソーサー側の設備を使う場合もあります。この場合、委託側企業は資産的には身軽な状態でいることができます。支払いは、サービス・荷役に加えて、設備の使用料を払います。④の組織全体をアウトソーシングする際、組織の売却があるときに併せて設備も売却することもあります。工場ごと売却して委託製造先として製造をアウトソーシングするなどの例があります。

◆アウトソーシングすべき機能を具体的に切り出す

それでは、具体的にアウトソーシングすべき機能をどのように検討するのかを説明します。アウトソーシングすべき機能が一作業なのか、組織の業務そのものなのかは、アウトソーシング業務機能一覧表を作成して確認します。

アウトソーシング業務機能一覧表は、自社の業務機能一覧表を作成するところから始まります。アウトソーシングのターゲットとなっている自社の業務機能を作業単位の一覧にまとめ、アウトソーシング対象となりそうな作業を抽出していきます。

次ページは、決算業務をアウトソーシングする際に検討した作業一覧表です。決算の全作業をアウトソーシングするという大ざっぱな検討でもよいのですが、この例では、自社の行なうべき作業との識別まで行なっています。ここまで詳細に行なえば、作業レベルでのアウトソーシングが検討できます。

一方、アウトソーシング検討段階でここまで詳細な検討はできないという場合は、この例よりももっと粗いレベルでの業務一覧表作成となります。証憑類整理、決算修正仕分けそのものの単位で「アウトソーシング対象：●」とします。

適切なレベルでの業務機能一覧表を作成し、自社のアウトソーシング領域のレベル、範囲を確認しておくことが必要です。

◎ アウトソーシング対象機能の検討表（決算業務の例）

1	2	3	4	5 (~Detail)	アウトソーシング対象	備考
決算処理						
	1 決算修正					
		1.1 証憑類整理				
			1.1.1 証憑収集・確認			
				自社組織から証憑収集		
				証憑整理		
				会計仕分けと証憑突合せ	●	
				異常確認	●	
				質問作成	●	確認に協力する
				確認	●	
			1.1.2 証憑修正処理			
				修正案作成	●	
				修正案許可申請		
				許可	●	
				修正	●	
				証憑つづり作成・保管		保管場所検討
	1.2 決算修正仕分け					
		1.2.1 預金出納帳・通帳突合せ				
				預金出納帳・通帳突合せ	●	
				異常確認	●	
				質問作成	●	確認に協力する
				確認	●	
		1.2.2 預金修正仕分け				
				修正案作成	●	
				修正案許可申請		
				許可	●	
				修正		

第3章　10のステップを踏めば導入は成功する

5 ステップ④
競争力を強める プロセスを設計する

■ 競争力強化でとくに重要なのは
業務プロセス設計と評価プロセス設計

◆指示命令系統プロセス設計で指示命令系統を一本化する

　アウトソーシングする際に、最も重要なことのひとつは業務プロセス設計です。委託側企業とアウトソーサーは連携して業務を営むからです。業務の連携がきちんと設計されていないと、業務全体がおかしくなる可能性があります。

　重要な業務プロセスのひとつが指示命令系統のプロセス設計です。アウトソーサー側が受託した業務を遂行するにあたって、だれの指示を受けて業務を行なうのかを明確にしておく必要があります。アウトソーサーはあくまで業務の遂行を委託されているだけですから、実際の業務の実行・管理の責任は委託側企業になります。アウトソーサーが勝手な業務を始めないようにするためにも、指示命令系統は明確にしておきます。

　また、アウトソーサーにとっても、複数の先から指示を受けるような事態になると混乱します。アウトソーサーの視点から見ても、指示命令系統は一本化しておく必要があります。

◆一連の連携業務プロセスを設計する

　業務は一連の流れとして行なわれていて、その工程のある部分を社員が、ある部分をアウトソーサーが分担することになるのが普通です。前工程にあたる業務プロセスと後工程にあたる業務プロセスがきちんと設計され、明示化されていないと、業務遂行に混乱をきたします。

⊘ アウトソーシングのプロセス設計は必須

指示命令系統の プロセス設計	アウトソーサー側が受託した業務を遂行するにあたって、だれの指示を受けて業務を行なうのかを明確にしておく
一連の連携業務 プロセス設計	業務が一連の流れとなるように業務プロセスをきちんと設計し、業務遂行に支障をきたさないようにする。問題が起きたときの責任も明確になる

> アウトソーシングでは、プロセス設計は必須！
> きちんとプロセスを設計し、「見える化」しておく

　また、業務プロセスが明示的に設計されていないと、何か問題が起きたときに原因と責任の所在を確認するのが大変になります。業務を改善していくためにも、一連の業務プロセスはきちんと設計し、お互いの役割分担と前後の依存関係を明示化しておくことが必要です。
　ただし、業務プロセス設計は派遣社員や作業外注のために描く必要はありません。派遣社員や作業外注は、ごく一部分の作業のアウトソーシングなので、指示命令系統が明確であれば十分だからです。

◆評価プロセス設計と同時に管理指標も設定する

　アウトソーシングを実施するには、アウトソーシングの評価プロセスを設計することが必要です。また、同時に評価項目として管理指標を設定しますが、指標は次節のなかで検討される想定効果項目と同義になることがあります。

　管理指標はたいていアウトソーサーそのもののQCD、つまり品質（Q）、コスト（C）、デリバリー（D）です。

　具体的には、Qは、誤出荷率や良品率（不良率）などの品質で測ります。コストは文字どおり金銭的なコストを測る指標です。Dは、業務スピードを測りますが、たとえば、作業時間であったり、納期遵守であったり、修理時間であったりします。

　管理指標は、アウトソーシングしている業務機能によりさまざまになりますが、必ず定義してアウトソーサーの評価を行ないます。評価プロセスは定期的に行なうこととし、だれが行なうかを明確にしておきます。管理指標の設計次第によっては、次にあげるような定期的な報告ルートの設計を行なって、アウトソーサー側から報告をさせるようにしておくと便利です。

◆報告ルートのプロセス設計は評価に役立つ

　評価に関しては、事前に報告ルートのプロセスを設計しておくと便利です。毎月1回、作業内容や作業品質を管理指標に従ってレポート化して報告させるようにしておきます。

　その際、単にレポートをもらうだけでなく、できればミーティング形式で報告を受けるようにしておくほうがよいでしょう。紙のレポートだけではわからないことも聞くことができるからです。報告のプロセスは必ずミーティングとセットで設計しておきます。

　定期的な報告だけでなく、突発事項の報告ルートも明確にしておきま

⊘ お客様を待たせない業務プロセスを確立する

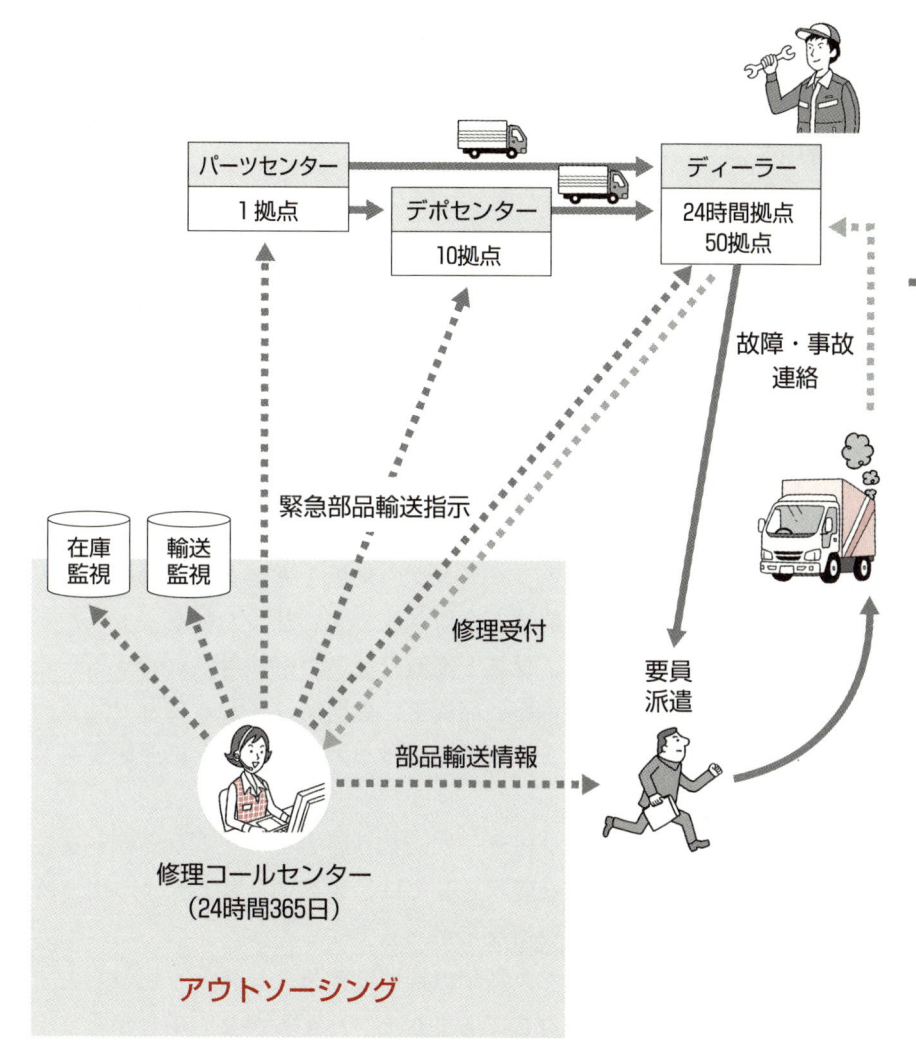

```
パーツセンター ──→ デポセンター ──→ ディーラー
1拠点              10拠点           24時間拠点
                                   50拠点
```

- 故障・事故連絡
- 緊急部品輸送指示
- 修理受付
- 部品輸送情報
- 要員派遣
- 在庫監視／輸送監視
- 修理コールセンター（24時間365日）
- **アウトソーシング**

第3章　10のステップを踏めば導入は成功する

す。突発事項発生時に、アウトソーサーがだれに報告して、だれの指示を受ければいいのかがはっきりしないと、対応に遅れが生じるおそれがあり、被害が拡大する可能性もあるからです。リスク対応の視点から見ても報告ルートは、事前に、明確に設計しておくべきです。

6 ねらい・想定効果を設定する

ステップ⑤

▎費用対効果、あるいはビジネス的
▎価値があるかを検証する

◆費用対効果(コスト&ベネフィット)を分析する

　アウトソーシングをするにあたって、ビジネス的に価値があるのか、あるいは経済的に価値があるのかを見極める必要があります。費用と効果を比較して、費用に対して十分な効果があるかどうかを検討する費用対効果分析をします。

　比較にあたっては、アウトソーシングの効果を考えます。効率化によるプラス効果として人件費削減が検討されます。社員で行なっていたときの固定費が変動費化して、コスト削減になるかが検討されます。また、社員で行なっていては上がらない品質を、専門家に任せることで品質向上できるかどうかも検討します。低品質はそのままコストに悪影響を及ぼすからです。

　コストとしては、アウトソーサーに支払う料金とアウトソーサーを管理する管理費です。一時的な費用としては、業務切り替えによる引き継ぎの費用、システムの変更費用などがあります。

　比較は単年度だけではなく、数年の期間で効果とコストを比較します。1年の効果では、コストに対してあまりインパクトがない場合がありますが、数年継続すれば大きな効果が想定される場合があるからです。

　ところで、アウトソーサーに支払う費用が、この段階ではまだわからない場合があります。正確な数値はアウトソーサー選定時に収集しますが、それ以前は公開情報のなかから想定されるコストで計算して、費用対効果を見積もっておけば十分です。

⊘ コストとベネフィットの比較が重要

```
┌─────────────────┐        ┌─────────────────┐
│ アウトソーシング │        │ アウトソーシング │
│ コスト（費用）  │        │ ベネフィット（効果）│
└─────────────────┘        └─────────────────┘
```

<一時費用>

アウトソーシング
準備費用

<継続費用>

アウトソーシング委託費
システム費
アウトソーサー管理費

VS

コスト削減
品質向上

↓   ↓

アウトソーシングでかかるコストは一時費用と数年間続く継続費用の合計

＜

コスト削減
（＋向上品質）

第3章　10のステップを踏めば導入は成功する

アウトソーシングのコスト（費用）とベネフィット（効果）を比較する。コストは一時的費用と継続的費用がある。ベネフィットは継続する効果であり、両方を比較してベネフィットが高い場合はアウトソーシングに踏み切る

この段階では、アウトソーシングが実施するに値するかどうかの判断ができればよいのです。もし、どうしても詳細なコスト情報が必要であれば、次の節で紹介する情報提供依頼書（RFI）を各アウトソーサーに提示して、情報収集をします。
　以上のように、アウトソーシングの意思決定では、必ず費用対効果の分析をします。

◆定性的な想定効果は定量効果に置き換える

　数値化できる情報以外に、定性的な想定効果を検討します。具体的には、有名なアウトソーサーを使うことによる信用度のアップや煩雑な業務から社員が解放されることによる雇用者満足度の向上などがあります。
　しかし、アウトソーシングの定性効果を想定するのはむずかしいものです。定性効果を評価しようにもあいまいですし、そもそもアウトソーシングを開始した後に、そうした効果がはたして実現したのかどうか測定がしにくいものです。したがって、定性的な効果も、できるだけ測定可能な定量効果に置き換えておくべきです。
　また、アウトソーシングによって、24時間365日の出荷対応ができるなどのビジネス的なプラス面があれば、たとえば業界最高品質のサービス体制などの定性的な効果も考えられます。
　しかし、これも24時間365日の出荷ができているかどうかを定量的な効果として、測定可能にしておくべきです。測定可能な効果をアウトソーシング実施後測定し、効果が出ていれば、先の「業界最高品質のサービス体制」を宣伝するといった使い分けがよいでしょう。
　一方、マイナスのインパクトがないかどうかも検討しておきます。アウトソーサーに委託される業務を長年行なっていた自社の社員の不安に対してのケアを行なったり、伝統ある業務部門のアウトソーシングで会社に対するアイデンティティー喪失が起きないように対応したり、必要な対策を考えておくべきです。
　すべての部分にプラスの効果ばかりではありません。マイナス効果が

● アウトソーシングでマイナス点はないか？

	マイナス点が あったか？	対応したか？
①アウトソーシングに対し社員に不安はないか？	☐	☐
②社員のモチベーションを落としていないか？	☐	☐
③社員が自分の地位の安全性に疑心暗鬼になってないか？	☐	☐
④顧客へのサービスレベルが下がっていないか？	☐	☐
⑤業務品質が低下していないか？	☐	☐
⑥社内の業務が混乱していないか？	☐	☐
⑦アウトソーサーが契約を反故にしていないか？	☐	☐
⑧想定外のコストが発生していないか？	☐	☐

> **ここが重要**
> アウトソーシングマイナス点がないか検討し、
> マイナス点がある場合は対策を練って対応しておく

第3章 10のステップを踏めば導入は成功する

ある場合はその緩和に努めます。
　マイナス効果は単に放置するのではなく、なんらかの対応で対策を練って解消していくことが必要です。せっかくの改革がだいなしになってしまっては、せっかく手間をかけて準備したアウトソーシングもムダになります。マイナス効果には注意しましょう。

7 ステップ❻

綿密にアウトソーサー選定コンペを準備する

アウトソーサーを選定するときは
RFI（情報提供依頼書）などをきちんと作成する

◆アウトソーサーを選別する7つのステップ

アウトソーシングすべき機能領域や作業が決まり、業務プロセスも明確になれば、次はアウトソーサーの選別です。アウトソーサーの選定は最も重要なステップですが、意外といいかげんに行なわれています。

たとえば、いきなり数十社呼びつけて、あいまいな説明だけで提案を要請し、そのまま数十社のプレゼンを受けている会社が多くあります。これでは、詳細な評価ができずに拙速な選定になってしまいがちです。

会社どうしの契約になる大規模なアウトソーシングでは、きちんとしたステップを踏んで選定を行なうべきです。

アウトソーサーを選定するステップは、以下のように考えます。

① 一般情報からアウトソーサーを探す
② 一般情報から情報提供依頼書（RFI: Request for Information）送付候補をスクリーニング
③ RFI作成、送付、回収
④ 評価、提案依頼書（RFP: Request for Proposal）送付先選定
⑤ RFP作成、説明会実施
⑥ 提案受領、プレゼンテーション
⑦ 評価、選定

一般情報から広くアウトソーサーを選び、その後RFIをもとにアウ

トソーサー候補企業を数社に絞り込み、RFPによって最終的に1社に絞るステップを取ります。広く集め、絞り、1社を最終選考で選ぶという段取りを踏みます。

◆一般情報からアウトソーサーを探す

アウトソーシングをするためには、すでに自社で委託していないかぎり、新たにアウトソーサーを探さなければなりません。探す際の方法としては、一般公開情報から探すことになります。

インターネット、雑誌、さまざまな展示会出店企業などからアウトソーサーを探していきます。懇意にしている企業の紹介を受けるという方法もあります。

◆一般情報からRFI送付候補をスクリーニング

一般情報から集めたアウトソーサーは、場合によっては膨大な数になることがあります。そこで、まずコンタクトする価値があるアウトソーサーを選別（スクリーニング）しなければなりません。

価格、実績、対象領域などを調べます。また、できるだけ評判も調べましょう。使っている企業から紹介を受けた場合は直接評判が聞けます。

スクリーニングの際、先進のアイデアをもっているような候補も入れておきましょう。新しいことを勉強する機会にもなります。

また、アウトソーシングしたい分野にぴったりな情報が公開されていない場合があります。そういう場合はスクリーニング上ふるい落とせばよいのですが、アウトソーシングした分野自体があまり一般的でないのであれば、直接問い合わせしたうえで、RFI送付候補とする手間をとらなければなりません。

最終的に4、5社から提案を受けるとすると、RFI送付候補は10社程度に絞り込んでおきます。アウトソーシング先は、最終的に1社になるのですから、それ以上多くしても、ただ時間がとられるだけです。

◆RFIの作成、送付、回収

　提案候補にするための情報提供を呼びかけるために、RFIを作成します。RFIは、公開情報もあえて提供してもらうようにします。公開情報が古い場合があるからです。RFIの項目としては、次ページの①〜⑪のようなものを盛り込みます。
　このような項目を、自社なりにカスタマイズしてスクリーニングした企業に送付します。作成期限は2週間程度とします。
　説明や回収は、よほど重要な案件でないかぎり、ミーティングなどは設定せず、メール添付や郵送程度とします。

◆必要に応じてRFIをカスタマイズする

　ここにあげたRFI項目は、必ずしもすべてを準備する必要はありません。アウトソーシングの規模や領域にもよりますが、必要に応じて、必要な項目をピックアップしてカスタマイズすれば十分です。
　「必須」と書いた項目は基本的に必要なものです。「必要に応じた」という項目は企業にとって必要と思った際に追加する項目と考えて差し支えありません。RFI段階から自社の検討内容を開示し、その検討内容に対する意見、提案を入れてもらって評価することでスクリーニングをかけたいこともあるでしょう。そういう場合は載せればよいのです。
　ただし、RFIはあくまで情報収集なので、あまり過度な開示や提案に近い情報提供は控えるのが普通です。

◆RFIを作成するときはここに注意する

　RFI項目のうち、「(6)一般的なサービス内容の紹介のお願い」の紹介依頼事項の例を示したものが、93ページの図です。この事例に沿って各項目を作成するときのポイントを詳しく説明します。

情報提供依頼（RFI）の文書のチェックリスト

	必須項目	必要に応じた項目	準備したか？
(1) 情報提供のお願い（あいさつ文）	●		☐
(2) 留保事項（依頼内容の機密保持のお願いなど）		●	☐
(3) 自社の検討内容の開示		●	☐
(4) 自社の検討内容に対する実績、意見、提案のお願い		●	☐
(5) その他、類似分野での実績開示のお願い		●	☐
(6) 一般的なサービス内容の紹介のお願い	●		☐
(7) 価格情報の開示のお願い	●		☐
(8) 会社情報（売上げ、資本金、創業年、社員数、組織体制など）の開示のお願い	●		☐
(9) 情報提供文書の形式、提出方法、期日、質問先の開示	●		☐
(10) RFI 回答者の開示と問い合わせ先の開示のお願い	●		☐
(11) その他 PR 情報があれば記載のお願い		●	☐

第3章　10のステップを踏めば導入は成功する

ここが重要

RFIでは、必須項目は必ず作成すること。
必要に応じた項目は、状況によって作成する

① **会社情報**

会社情報は、アウトソーサーの企業情報として、所在地、創業年数、資本金、売上高、社員数、株主などを開示してもらいます。ホームページなどでも調べられますが、最新の情報を知るべきなので、あえて記述してもらいます。

② **貴社標準サービス情報**

アウトソーシングを検討しているサービスの標準を開示してもらいます。標準の範囲、レベルによって、アウトソーサー側が考えるサービスのうち、どこまでを標準とし、どこからが個別対応なのか「線引き」確認することで、基本的な力量を判断します。

また、標準サービスの付加サービスとして必要なシステムがある場合、そのシステムを使う場合があれば、開発の体制や標準サポート体制を確認します（➡94ページ）。

③ **貴社特別（個別対応）サービス情報**

アウトソーサーが特別サービスと考える内容を確認します。とくに個別サービスとして考えている内容をチェックします。ここが主な差別化ポイントになるからです。たとえば、他のアウトソーサーが行なっていないサービスを提案している場合、そのサービスが革新的かどうか、あるいは自社にとってメリットがあるのかどうかを見極めます。

④ **価格**

価格は重要な差別化要因です。ただし、まだRFI段階であり、委託企業側の詳細な要件が伝わっていませんから、あくまで参考情報です。スクリーニングするための「ふるい」程度に考えておきましょう。

場合によっては、ほとんどの価格が「別途検討」として戻ってくる場合があります。この場合は、アウトソーサー側にやる気がないのかどうかも推定します。もしやる気があるのであれば、なんとか情報を提供してコンペに残ろうとするからです。あくまでもRFI段階ですから、「標

RFI 項目「一般的なサービス内容の紹介のお願い」の例

紹介依頼事項

貴社ご紹介には以下の内容を盛り込んでください。

① 会社情報
② 貴社標準サービス情報
③ 貴社特別（個別対応）サービス情報
④ 価格
　　a. 基本サービス価格
　　b. 付加サービス価格
　　c. 特別（個別対応）サービス価格
　　d. アウトソーシング導入費用
　　e. アウトソーシング導入時調査内容
　　f. 必要ソフトに関するコンサルティング／
　　　技術支援費〈必要あれば〉
⑤ サービス導入実績
⑥ 調査内容(質問表)に対する回答
⑦ 貴社のご担当窓口

> **ここが重要**
> インターネットなどで調べることが可能でも、「一般的なサービス内容の紹介のお願い」はぜひ行ないたい。アウトソーサーに直接尋ねるほうが、公開されていない情報も手に入る

⊘ 付加サービスの情報提供依頼(システム開発・保守に関する情報)例

システム開発・サポート体制一覧の例

質問事項	A社
社員数(日本)	
■社員数(トータル)	
(内訳) ・コンサルタントスタッフ数	
・開発スタッフ数	
・セールス/マーケティングスタッフ数	
・カスタマーサポートスタッフ数	
パートナーシップ	
■コンサルティングパートナー	
■ハードウエア(テクノロジー)パートナー	
■システムインテグレーションパートナー	
ヘルプ/製品サポート	
以下の項目に対するサポート体制について ・オペレーションに関する質問 ・トラブル対応 ・モデリングに関する質問 ・バージョンアップ支援	
■手段(Eメール、FAX、電話など)	
■時間(手段ごとに異なる場合、各々)	
■曜日(手段ごとに異なる場合、各々)	
■費用(手段ごとに異なる場合、各々)	
電話にて諸問題を分析し解決するため(ヘルプデスクより)カスタマーシステムにアクセスする際に必要となる設備があれば、ご記入ください。	

準でかまわない」、もしくは「前提条件を置いて」という留保事項付きで開示を依頼しましょう。

また、価格については、詳細な提案依頼をするRFP段階でもう一度検討し直すので、RFI段階で開示された価格で以降の選定プロセスに制約を置かないほうがよいでしょう。

よく見かける例ですが、RFI段階で聞いた価格と実際の提案内容の価格がちがいすぎると立腹する人がいますが、それはよくありません。そもそもRFIで入手する標準の情報と自社の詳細要件を伝えた後のRFPで入手する情報には乖離があるのです。そうした前提を無視して、委託側企業としてあまりみっともない姿勢は見せないようにしましょう。

各価格ごとの確認内容は以下のようになります。

a. **基本サービス価格**

基本サービスの価格を確認します。

b. **付加サービス価格**

基本サービスに付加されて発生するサービスを確認します。たとえば、税務のアウトソーシングでは、税務計算以外に、申告書の税務署への提出や特殊帳票作業（源泉徴収票の合計表の作成、税務署への提出等）などの付加サービスの金額も確認します。

c. **特別（個別対応）サービス価格**

アウトソーサーごとの差別化が表われるサービスの価格です。この価格がリーズナブルかどうか、価格に見合う効果があるかを見極めます。

d. **アウトソーシング導入費用**

たいていの場合、引き継ぎや必要システムの構築などで、アウトソーシング開始までの作業が発生します。その価格を確認します。

e. **アウトソーシング導入時調査内容**

アウトソーシング導入時にどのような調査をするか、確認します。この内容で、どこまでアウトソーサーが真剣に業務を引き受ける気があるのかが把握できます。

f. **必要ソフトに関するコンサルティング／技術支援費**

アウトソーシングの際に必要なソフトを導入することがあります。た

とえば、倉庫業務をアウトソーシングする際は、倉庫管理システムです。倉庫管理システムは単独では動かず、委託側企業の基幹システムと連携する場合もあり、また、倉庫管理システムを委託側企業の社員が操作することがあります。そうなると、そのシステムの導入や操作方法をコンサルティングする能力が必要になります。そのためのコンサルティング費、技術支援費を確認します。

⑤ サービス導入実績

アウトソーサーの実績を報告してもらいます。実績の開示は渋る場合がありますが、できるだけ開示してもらいます。できれば、単に件数だけでなく、業界ごとの件数や、アウトソーシング導入前と導入後の変化、利点を成功事例的にまとめてもらうとよいでしょう。

⑥ 調査内容（質問表）に対する回答

これは、少し特殊な依頼になりますが、標準的な情報提供以外に、もっと突っ込んだ情報提供が欲しい場合、別途調査内容として質問表を作成して送る場合があります。この帳票を送るのは、委託企業側でかなりアウトソーシングの検討が進んでいて、個別の確認したい要件が明確なときに実施されます。

⑦ 貴社のご担当窓口

質問の担当窓口を開示してもらいます。RFIへの回答が寄せられて、疑問点が生じた場合、問い合わせできる担当者を明確にしておくためです。

◆RFIの形式や提出方法もきめ細かく指定する

RFIを受け取る立場からいうと、RFI項目(9)「情報提供文書の形式、提出方法、期日、質問先の開示」（➡91ページ）が意外と重要になります。情報提供文書の形式は、電子データなのか、あるいは紙に印刷したも

⊘ アウトソーシング実績の開示の例

アウトソーシング実績一覧
（業種・海外国内の分類がむずかしいようであれば分類なしで一括してご記入をお願いいたします）

海外／国内	海外	国内
食品・飲料		提案中
タバコ		
日用品		提案中
化学	A社コールセンター B社コールセンター C社コールセンター	A社日本支社コールセンター B社日本支社コールセンター D社コールセンター
石油		
薬品・化粧品	E社コールセンター	F社コールセンター G社ホームページ運用
アパレル		H社ホームページ運用
その他		○○省の問合せセンターを3カ月間短期で受託

（注）記入されて返却されてきた用紙の例

のなのか、あるいはその両方なのか迷います。

　電子データの場合は、ファイル形式も指定しなければ、送る側も困りますが、受け取る側も困ります。まず、ソフトを指定します。パワーポイントなのか、エクセルなのか、ワードなのか、あるいは他のシステムで作成したものでもよいのかを指定します。

　さらに重要なのはソフトのバージョンです。バージョンが違うと読めなかったり、あるいはムダに変換作業が発生するからです。変換するとデータが壊れてしまう場合もありますので、必ずソフトのバージョンの指定をします。

　また、電子データでの提出には提出メディアも指定します。いまではフロッピーディスクというのはなくなりましたが、CD-ROMなのか、DVD-ROMなのか、メモリスティックでもよいのか、あるいは単に電子メール添付での提出でもよいかなどを指定します。

◯ RFI項目「情報提供文書の形式、提出方法、期日、質問先の開示」の例

（1）提出方法

①提出先：××部　X村 X夫
　　　　（TEL：03-XXXX-XXXX、email:XXX@XXX.com）
②提出の方法：郵送または持参
③提出物の形態：提案書（ペーパー1部）

（2）期　　限

200X年X月X日（火）15時（必着）

（3）窓口（内容に関するお問合せ先）

××部　X村 X夫
　TEL：03-XXXX-XXXX
　email：XXX@XXX.com

紙での提出がある場合、A4判か、A3判でもよいのか迷いますので、きちんと指定します。できれば縦書きか横書きかも指定します。委託側企業の担当者が、縦と横のちがいで読んでいて負荷を感じる場合があるので、紙での提出はフォーマットを指定します。また、いくつか添付した図表のように、こちらから指定した帳票への記入を依頼することでフォーマットのばらつきを抑えることができます。

　印刷がカラーかモノクロか、裏表印刷を許容するか、あるいは1ページに2スライド印刷を許容するかなどは気になるのであれば指定すればよいでしょう。

　情報提供文書の提出方法も明示しないとアウトソーサーとしては戸惑いを覚えるので、きちんと提示します。持参なのか、郵送や宅配便を可とするか、メール添付でもよいかを決めて、知らせます。遠隔地のアウトソーサーもいるでしょうから、持参を義務づけるのは、まだRFI段階では避けたいものです。

◆質問があったときは平等に扱われるように措置する

　RFIを提示した後、情報提供企業から質問がある場合があります。単純な質問であれば、あまり気にする必要はありませんが、もし質問が情報提供に関わるものであるときは、質問した企業以外の企業にも質問の内容を伝えます。

　各社同じレベルで情報提供してほしいということもありますが、その後、提案依頼をするアウトソーサーの選別に影響があるとよくありません。情報提供の依頼内容に関わるときは、必ず各社が平等に扱われるように努めなければなりません。

8 ステップ❼

重要パートナーとなるアウトソーサーを選定する

候補を絞り込み RFP（提案依頼書）と
評価表を活用して選定する

◆評価で絞り込み RFP 送付先を選定する

戻ってきた情報提供をもとに、今度は正式に提案してもらうアウトソーサー候補を選びます。スキルレベル、価格、企業としての永続性などを評価します。評価表を作って、複数の人数で採点して評価します。RFP（提案依頼書）は、多くても4、5社にするように絞り込みます。

◆RFP を作成して説明会を実施する

アウトソーサー候補に送付する RFP を作成します。RFP の項目としては、次ページの①〜⑮のようなものを盛り込みます。
このような項目を、自社なりにカスタマイズして企業に開示します。アウトソーサー側の提案作成期限は2、3週間程度とします。

◆RFP 項目を作成するときはここに注意する

RFP の各項目（①〜⑮）の留意事項は以下のようになります。

① 提案依頼（あいさつ文）
とくに留意することはありませんが、あいさつ文なので、社内のそれなりの地位の役職者名で出すべきでしょう。プロジェクトが走っていればプロジェクトリーダーやそのプロジェクトのオーナーがよいでしょう。

提案依頼書(RFP)のチェックリスト

	必須項目	必要に応じた項目	準備したか？
①提案依頼（あいさつ文）	●		☐
②留保事項（提案依頼内容の機密保持のお願いなど）	●		☐
③自社の検討内容の詳細の開示	●		☐
④自社の達成目標、目指すあるべき姿の開示	●		☐
⑤自社の業務プロセスの開示	●		☐
⑥提案依頼内容の開示	●		☐
⑦アウトソーサーとしての方法論の提案のお願い	●		☐
⑧アウトソーシング実現までのステップとスケジュールの提案のお願い	●		☐
⑨アウトソーシング実現までの作業と役割分担の提案のお願い	●		☐
⑩アウトソーシング実現までの体制図提案のお願い	●		☐
⑪費用見積もりと見積もり前提条件開示のお願い	●		☐
⑫アウトソーシング実現までの参画者プロフィール開示のお願い	●		☐
⑬提案の形式、提出方法、期日、質問先の開示のお願い	●		☐
⑭提案者の開示と問い合わせ先の開示のお願い	●		☐
⑮その他PR情報があれば記載のお願い		●	☐

ここが重要

RFPでは必須項目が多くなるが、必ず作成する

第3章 10のステップを踏めば導入は成功する

組織単位であれば組織のトップ、大規模なアウトソーシングの場合は経営層のほうが重みもあり、アウトソーサーとしてもまじめに対応すべきとの判断の材料になるでしょう。

② **留保事項（提案依頼内容の機密保持のお願いなど）**

留保事項として、機密保持は重要です。まだアウトソーシングプロジェクトが始まっていないので、機密保持契約を結ばないまでも、機密保持のお願いはすべきです。アウトソーシング自体は、大規模になればトップシークレットの戦略事項になるからです。

もし、検討されているアウトソーシング内容自体が非常に重要であれば、手間をかけてでも、個別に機密保持契約を結ぶべきです。その場合は、RFPを開示する前に、スクリーニングされたRFP開示対象企業と締結をしておきます。

③ **自社の検討内容の詳細の開示**

自社がアウトソーシングとして、実施を検討している内容を開示します。

④ **自社の達成目標、目指すあるべき姿の開示**

自社がアウトソーシングを実施するねらい、目標、達成したいビジネスの絵姿を開示します。目標やあるべき姿があれば、どのような方向性をもってアウトソーシングを検討しているのかがわかり、具体的な提案がしやすいからです。

⑤ **自社の業務プロセスの開示**

RFP段階で、すでにあるべき業務プロセスがあれば開示します。もし、まだ、あるべき業務プロセスが描けていない場合は、現状プロセスを開示します。

業務プロセスは必ずしも開示しなくてもよいのですが、社内にきちんとした業務プロセスが設計されていないのであれば、アウトソーシングを導入する際に一度きちんと設計しておきます。アウトソーシングは外部の企業が業務の一部を請け負うので、業務プロセスを明らかにし、業務の責任範囲を明確に定義しておく必要があります。もし、トラブルが生じた場合、いったいだれの責任で生じたのかが不明確になるからです。

⑥　提案依頼内容の開示

　実際にアウトソーシングしたい業務機能や受けたいサービスを明示します。単に人の作業という「役務」サービスだけでなく、システム構築やシステム保守まで依頼したいのかなどの範囲を明確にします。

⑦　アウトソーサーとしての方法論の提案のお願い

　アウトソーサーが、アウトソーシングの導入や実施において、なんらかの方法論をもっている場合は提案を依頼します。よく、システム導入や業務引き継ぎに方法論をもっていることがあります。また、アウトソーシング実施後のサービスレベル管理や改善活動に方法論をもっている場合もあります。

　そうした方法論は積極的に提案してもらい、よりよいノウハウを提供してもらいます。

　ただし、注意しなければならないのは、こうした方法論が単なる「セールストーク」であって、実態はまったく異なっていたり、あるいは単なる「絵に描いた餅」であったり、いいかげんな場合があります。アウトソーシング業務を受託したいがために魅力的な提案をしてくるようであれば問題ですので、きちんと見抜く眼力が必要になります。

⑧　アウトソーシング実現までのステップとスケジュールの提案のお願い

　アウトソーシングを実際にスタートさせるまでのステップとスケジュールを開示してもらいます。規模にもよりますが、アウトソーシングはいきなりスタートできるわけではなく、それなりの準備が必要です。そのステップと期間を示してもらいます。

　重要なのは、アウトソーシング開始までのステップがきちんと考えられているか、そこに経験とノウハウが込められているかです。アウトソーシングは企業の仕事を外部に出すので、いいかげんに行なうと失敗します。きちんと合理的なステップが組み立てられているか、抜けている重要な作業がないかを見極めるためにも、詳細のステップを開示してもらいます。

⑨　アウトソーシング実現までの作業と役割分担の提案のお願い

　ステップごとの作業を詳細に開示してもらい、その作業をだれが行な

うのかを明示してもらうように依頼します。作業によっては、負荷がかかったり、その作業の責任でアウトソーシング開始に影響が出たり、あとあと問題になるものがあります。

そうした作業を特定し、どう役割分担をすべきか、どちらの責任かを特定するためにも、作業の詳細と役割分担をきちんと提案するように依頼します。

前項目⑧と並んで、⑨はアウトソーサーのレベルを判断する重要な指標になります。

⑩　アウトソーシング実現までの体制図提案のお願い

体制の開示も重要です。アウトソーサー側がどこまで真剣かは、アウトソーサーの体制図に登場する責任者の階層の高さで判断できます。それなりの役職者が入っているかどうかも、ひとつの判断材料です。

⑪　費用見積もりと見積もり前提条件開示のお願い

見積もりと見積もりの前提条件の開示を依頼します。重要なのは、前提条件です。単価、算定の基準、算定式、条件などを開示するように働きかけます。

「アウトソーシングサービス一括いくら」というような大ざっぱな見積もりは疑ってかからなければなりません。また、「一括いくら」では、コンペでの比較が、単に「高い・安い」の議論になってしまいます。きちんと算出根拠が判断できるように開示依頼をします。

⑫　アウトソーシング実現までの参画者プロフィール開示のお願い

アウトソーシング実現までの引き継ぎや必要システムの開発は、プロジェクト型の業務になります。とくにこの段階ではプロジェクトに参画する人たちのスキルレベルが問題になります。

高いスキルをもった人が参加するほど、アウトソーシング実現までのステップがスムーズに行きます。どのような人がリーダーで、どのような経験をもっているのか、その人の参画工数はどれくらいなのかを必ず開示してもらいます。

売れっ子プロジェクトリーダーはあちこちで引っ張りだこで、なかなか参画ができない場合があります。ひどいときには、プレゼン時だけ来

てセールストークを振りまき、「この人なら大丈夫」と思わせて、その後一切来ないという人もいたりします。こういうことにならないように、とくにリーダー、サブリーダーのプロフィール、スキル、経験、参画工数を明らかにするように働きかけます。

⑬　提案の形式、提出方法、期日、質問先の開示のお願い

この項目については、RFIと同様です。RFIの解説（➡96ページ）を参照してください。

⑭　提案者の開示と問い合わせ先の開示のお願い

この項目については、RFIと同様です。RFIの解説を参照してください。

⑮　その他PR情報があれば記載のお願い

これは、あくまで付加情報です。PRしたい情報があれば積極的にPRしてもらいます。基本的にアウトソーサー側が、RFI回答時よりも詳細な会社案内や事例集をつけてくるので、アウトソーサー側の好きにさせればよい資料です。

◆RFPでは質問会を実施する

RFPは基本的に送付ではなく、説明会を実施して開示します。できれば各社を個別に呼びます。競合企業が見えないほうがよいですし、説明会時に競合がいると質問もしにくくなるからです。

説明会後、必要に応じて、別途質問会も実施します。RFPや説明会だけでは伝えきれないことがあるからです。

質問会は企業側の実力を測るよい機会です。質問の内容によって、どれくらいの経験があるのか、どれほど深く考えているかなどが把握できます。質問会は、ぜひ実施しましょう。

また、これは重要なことですが、質問会の質問で、本来開示すべきだった内容の漏れに気づかされることがあります。このときは、質問してくれた候補者に断ったうえで、すべての候補者に追加情報として開示します。そうしないと、開示内容に不公平が生じたり、必要なことが開示

されていなかったりして、十分な提案のコンペが実施できないからです。

◆コンペを実施し評価表で採点する

　質問会を終えたら、アウトソーサー候補企業からそれぞれ提案プレゼン（プレゼンテーション）を実施してもらいます。プレゼンは各社個別に行ないます。各社の機密事項が提案時に開示される可能性がありますし、提案価格情報も競合に知られてはコンペにならないからです。
　プレゼン時間は各社30分程度、質問30分程度とし、合計1時間ぐらいとします。プレゼンは、必ず今回のアウトソーシング案件の責任者に行なわせます。また、アウトソーシング実施までの工程はプロジェクト形式になるので、その期間を指揮するリーダーにプレゼンさせます。
　よく、プレゼン時にだけプレゼンのうまい人が来ることがあります。その人を信頼して発注したら、その後は別な人が来て、プロジェクトもアウトソーシングもボロボロといったことにならないように、必ず責任者とプロジェクトリーダーに参加してもらいます。
　委託側企業で参加するのは、アウトソーシング実施の責任者、仕事で関連のある社員です。事前に評価表を作っておき、プレゼンを聞きながら採点ができるようにしておきます。プレゼン後、各社の評価表を集計し、合計点を出しておきます。

◆アウトソーサー評価表の具体的な記入方法

　アウトソーサーの評価を行なうにあたって、評価表を使って採点していきます。評価表は、アウトソーサーを評価すべき項目の一覧を作成し、候補者を並べて採点できるようにします。
　フォーマットはさまざまな形態が考えられますが、主なものを掲載します。次ページの評価表がひとつのサンプルです。評価したい内容（機能）を項目ごとにまとめ、各社の回答を書き込めるようにして、採点ができるようにします。この例では、採点を「○、△、×」で行なえるよ

アウトソーサー評価表の例

No.	機能カテゴリー	機能	X社 機能説明	採点	Y社 機能説明	採点
1	基本機能	サービスレベル	●24時間365日 ●障害復旧4時間以内	○	●24時間365日 ●障害復旧4時間以内	○
2	基本機能	言語対応：日英必須	●日本語	△	●日本語	△
3	～	～	～		～	
4	導入期間	ー	3カ月	○	12カ月	×
5	～	～	～		～	
6	コスト	～	5,000万円		5,000万円	○
7	～	～	～		～	
結論			言語対応に制約、低コストでの導入、将来拡張を考慮し、最有力	◎	言語対応に制約、低コストだが、短期での導入不可	◇

第3章 10のステップを踏めば導入は成功する

⊘ 重みづけしたアウトソーサー評価表の例

No.	機能カテゴリ	機能	weight	A 社 機能説明
	ヘルプデスク	24時間365日対応	5	●24時間365日対応
	ヘルプデスク	サポート言語	3	●日本語、英語、ハングル、中国語、ドイツ語
	ヘルプデスク	サポート記録保持	1	●記録保持 ●7年間保管

うにしています。集計では、○＝5点、△＝3点、×＝0点といった具合に算定用の基準をもっておいて集計を楽にしておきます。

集計結果は結論部分にまとめとして同様に記号で表示します。本採用すべきアウトソーサーは◎、次点は◇といった形で、あくまで記号で評価していく形です。

もうひとつは、数値化して採点していく方法です。数値化する場合は、評価表に記入する前に付けられる数値に基準を設けておきます。非常に高い＝5点、高い＝4点、普通＝3点、低い＝2点、非常に低い＝1点、該当せず＝0点といった具合です。

通常の場合、評価したい項目ごとに重要度がちがう場合があります。重要な項目も重要でない項目も同じように採点していては、判断を誤る場合があります。

たとえば、「24時間365日サービス」が非常に重要な項目だとします。一方、「ヘルプデスクでのサポート記録保持」もできればやってほしい項目ですが、必須ではないとします。仮にA社が「24時間365日サービス」5点、B社が3点だとします。この時点では、A社が優れていますが、「ヘルプデスクでのサポート記録保持」でA社が1点、B社が5点

		B 社			備考
採点	weight・採点	機能説明	採点	weight・採点	
5	25	●土日休み ●平日9-17	1	5	
5	15	●日本語	1	3	中国語 必須
1	1	●記録保持 ●7年間保管	5	5	
採点 Total	41		採点 Total	13	

だとすると、合計でA社が6点、B社が8点で逆転してしまいます。

このような採点方法では、本来、最も重要な「24時間365日サービス」を実施しているA社ではなく、「24時間365日サービス」はできないが、さほど重要でない「ヘルプデスクでのサポート記録保持」を実施しているB社のほうが得点が高くなる矛盾が生じます。

こうしたことを避けるために、各評価項目に重みづけをします。「重みづけ（weight）×採点」で計算すれば、重要な項目はそれなりの重みで評価されます。上の例は、「24時間365日サービス」の重みづけを「5」、さほど重要でない「ヘルプデスクでのサポート記録保持」の重みづけを「1」として、項目ごとの重要度を加味できる評価表にしています。

◆評価会議でアウトソーサーを選定する

評価表、合計点を参考に、評価会議を開きます。点数だけでなく、アウトソーサー候補企業側の人柄や態度、意気込みなどの姿勢、印象といったアナログ情報も併せて議論し、評価します。長く付き合う相手なので、相性も重要です。結果は1週間程度で知らせます。

9 ステップ❽

トラブルにならない
アウトソーシング契約のポイント

▌サービスレベルや権利関係をきちんと
▌定義して契約することが重要

◆きちんとした契約書を取り交わす

　コンペを経て、アウトソーサーを選定したらアウトソーシングの契約書をきちんと交わします。契約書はアウトソーサー側がひな形をもっていることも多いので、ひな形を提出してもらい、委託側企業の法務部門とも連携しながら、きちんと精査して問題のないようにします。

　基本的に、契約の目的、用語等の定義、提供されるサービスの定義と範囲、役割分担、体制、協議・報告の定義、提供されるサービスレベル、サービス料、トラブル時の対応方法などを取り決めます。

　また、一般的な項目としては、再委託の可否、権利関係の明確化、知的財産の取扱い、保管義務・管理義務の明確化、機密保持、契約の更新と解除、損害賠償、係争時の所管裁判所の取り決めなどを明確にします。

　アウトソーシングを開始する前に業務引き継ぎ、移行がある場合は、必要に応じて業務引き継ぎ・移行作業の契約書とそれ以降のアウトソーシングの契約書を分けて作ります。業務引き継ぎ・移行作業は、システム追加開発があったり、データの移行、システムテストや業務テスト、マニュアル作成などの作業が発生したりするので、プロジェクト契約と考えるべきだからです。

　アウトソーシングの内容によっては、プロジェクトが必要になります。プロジェクトは一過性の作業ですが、アウトソーシングの開始には必要な作業となります。それぞれに必要な項目を契約書に盛り込みます。

◆サービスレベルを定義して契約する

アウトソーシング契約で重要なことは、サービスレベルの定義です。かつては、サービスレベルがあいまいで、単純にサービス時間だけが書かれていただけの時代もありました。しかし、それでは、アウトソーシングの質的な担保がありません。

そこで、どのようなサービスが、どういった基準で提供されるべきかを契約書にうたうようになったのです。契約書とは別に、サービス・レベル・アグリーメント（SLA: Service Level Agreement）と呼ばれたりします。

SLAには、単にサービスの提供時間だけでなく、もっと多様にサービスを規定して提供する基準を明示します。たとえば、システム運用であれば、障害時の復旧時間や緊急時の対応時間、出荷作業であれば、誤出荷率〇％以下といった具合です。

サービスレベルが維持できなかった場合、アウトソーサー側がペナルティーを支払うのか、あるいはサービス料を差し引くのかなども定義します。

◆権利関係を明確にしておくことも重要

また、契約にあたっては、権利関係を明確にしておきます。アウトソーシング実施中になんらかの成果物ができ上がる場合、成果の帰属先を明示化しておきます。新しいアイデアやビジネスが生まれることもあるので、権利関係で係争が生じないようにしておきます。

※具体的な契約書の内容については、巻末資料の機密保持契約書、業務委託契約書、アウトソーシング・サービス契約書を参照

10 ステップ⑨
アウトソーサーの力を引き出す業務の引き継ぎ方

業務引継書や業務マニュアルを
整備して確実に引き継ぐ

◆業務引継書を作成する

　派遣社員の受け入れのようなレベルでないかぎり、アウトソーシングの実施では、それ相当の作業が発生します。その作業を「業務引き継ぎ」と呼びます（企業によっては、あるいは内容によっては「業務移行」とか、単に「移行」と呼ばれる場合もある）。

　業務引き継ぎは、アウトソーサーに対して、安全確実に業務を引き渡すために必要な作業です。引き継ぎにあたっては、業務引継書を作成します。

◯引き継ぎ計画の例

引き継ぎエリア	対象	アウトソーサー人員	委託側企業キーパーソン
分析業務引き継ぎ			
分析システム	システム機能概要 システム操作方法 障害時のヘルプデスク先、 コンタクトパーソン	X山X郎	○川○夫
分析業務	分析方法 統計知識	X山X郎	○川○夫
データウエアハウス	システム機能概要 システム操作方法 障害時のヘルプデスク先、 コンタクトパーソン	X山X郎	○川○夫

業務引継書は、業務フロー、作業手順、注意事項が書かれたものです。業務マニュアルがあれば、それを活用して、引き継ぎ時の注意事項だけ追加します。マニュアル等がなければ、一から業務引継書を作成しなければなりません。それなりに大変ですが、企業としては統制上も重要になるので、作るべき資料です。

◆トレーニングして業務を引き継ぐ

業務引継書を作成したら、アウトソーサーへの引き継ぎを行ないます。まず、業務の説明を行ない、トレーニングを実施します。トレーニング後、必要に応じてOJTを行なって、業務を引き継いでいきます。

トレーニングにはいくつかの方法があります。クラス形式で行なう講義型のトレーニングや独学が一般的で、テキストやマニュアルを読んで、覚えるタイプのトレーニングです。

実際の業務を行なっているかのようなシミュレーションや、時間と場所に制約されないように、CD-ROMやインターネットで提供されるe-ラーニング型のトレーニングも頻繁に行なわれるようになりました。

| 監督 | 引き継ぎ時間（日） | 引き継ぎ日 | | | | レビュー日 |
		開始日（計画）	終了日（計画）	開始日（実績）	終了日（実績）	
△田△児	0.5	2009/7/1	2009/7/1	2009/7/1	2009/7/1	2009/7/5
△田△児	0.5	2009/7/1	2009/7/1	2009/7/1	2009/7/1	2009/7/5
△田△児	1	2009/7/17	2009/7/17	2009/7/30	2009/7/30	未

◆業務が大きく変わる場合は業務マニュアルが必要

アウトソーシング実施にあたって、業務が大幅に変わる場合は、業務引継書ではなく、新しい業務マニュアルを作って、移行の注意事項を作成します。

システムの入れ替えと同期して業務引き継ぎが行なわれる場合は、システム導入のプロジェクトと同義になりますので、システム開発の移行作業を業務引き継ぎに合体させます。

業務の引き継ぎと併せてシステムの移行計画書を作成して、データ移行作業、システム移行作業を行ないます。同時に新しい業務マニュアルも作成します。

◆委託企業自身で教育が必要となる場合もある

これは起きてはいけませんが、場合によっては、アウトソーサー側の人員のレベルが低いことがあります。その場合は、アウトソーサー側が再教育をすべきです。

本来プロであるアウトソーサーに業務を委託するのですから、それなりの業務品質を実現しなければならないのは当然ですし、責務でもあります。アウトソーサー側は事前に教育すべきですし、それでも間に合わなければ契約後も継続的に教育します。また、アウトソーサーのメンバーに新人が採用されることがあるので、継続的にサービスを行なうためには、継続的に教育をしてもらうように仕向けます。

しかし、どうしてもレベルが向上しない場合、委託側企業も必要に応じて教育を行なう必要があります。あまり望ましいことではありませんが、万が一にも委託側企業が教育せざるを得ない可能性があることは覚えておきましょう。

もう一度ゼロからアウトソーサーを選定するのは大変な手間ですし、業務の引き継ぎも大変ですから、できるだけ継続の努力をしましょう。

アウトソーシング要員のトレーニング計画の例

トレーニング領域：	製造後のプロセス

目的：
サポートチームにシステムを紹介し、理解させる。主要なオンライン処理とバッチ処理の内容を理解させる

対象カリキュラム

出荷システム
物流システム
ルートシステム
生産システム
承認システム

教育方法	教育期間
独学 OJT	18days

> トレーニング計画は必ずつくる。教育方法はクラス形式、独学、ケーススタディ、OJTなどさまざまなものがある

11 ステップ⑩
競争力を永続化する アウトソーサーの管理の仕方

契約後も定期的にチェックし
常に最適な状態を保つ管理が重要

◆サービスレベルを定期的にチェックする

　アウトソーシングが長期化すると、アウトソーサーも委託側企業も対応が惰性化してきます。委託側企業は、アウトソーサーが常に改善を提案してくると思いがちですが、そのようなことはありません。アウトソーサーは決められたことを、決められたとおりに行なうだけです。通常、改善提案は行なわれません。

　長期的な関係になるほど、委託側企業はイライラを募らせ、アウトソーサー側は従来の業務をのんびりと行なうだけが仕事だと深く思い込んでしまい、ギャップが生まれます。

　たとえば、システム運用をアウトソーシングしていた場合、委託側企業でシステムの改修や新規機能の追加要望があったとします。運用アウトソーサーに検討依頼をしても、いつまでたっても回答がこない場合があります。仕事は運用を請け負っているだけであって、そうした新規開発案件はやりたくないというのが本音でしょう。

　実際、こうした行ないで、過去多くのIT企業が大規模運用のアウトソーシングから外されました。惰性化して、既得権益化したアウトソーサーが自ら改善することが稀だという例でしょう。

　すべてのアウトソーシングでこのようなことが起きているとはいいませんが、委託側企業としては、アウトソーサー側にも改善のサイクルを回してほしいものです。そこで、その改善のサイクルを回すために、両者で合意・定義されたサービスレベルを使います。

サービスレベルを定期的にチェックする体制づくり

　　　　　　　　　　　　　　　　　　　　　　　　　　Yes
① アウトソーサーが報告すべき指標は定義されているか？　☐
② 報告は定期的に行なわれているか？　☐
③ 報告はミーティングを通して行なわれているか？　☐
④ 取り決めた指標は改善されているか？　☐
⑤ 指標の改善の進捗の報告はされているか？　☐
⑥ 指標改善の責任者は明確か？　☐
⑦ アウトソーサーから改善提案は行なわれているか？　☐
⑧ アウトソーサーからの改善提案数は増えているか？　☐
⑨ アウトソーサーは作業者の品質チェックを行なっているか？　☐
⑩ アウトソーサーは作業品質向上のプログラムをもっているか？　☐
⑪ アウトソーサーのマネジャーは定期的に来ているか？　☐
⑫ アウトソーサーはわが社の改善要求を聞いているか？　☐
⑬ アウトソーサーは効率化に努めているか？　☐
⑭ アウトソーサーはコストダウンに協力的か？　☐
⑮ アウトソーサーは常に新技術を採用しているか？　☐
⑯ アウトソーサーは安全に留意しているか？　☐
⑰ アウトソーサーはセキュリティーマネジメントを行なっているか？　☐

> **ここが重要**
> アウトソーサーが、ビジネスパートナーとして改善を継続し、改善提案をしてくるかどうか、厳しく見極めるべきである

合意・定義されたサービスレベルは、最低限維持すべきレベルです。契約上、このレベルを徐々に高くしていけるようにしておきます。そして、月次のサービスレベル報告を受ける際に、適切なタイミングでサービスレベル向上の契約更新を行なうのです。

合意・定義されたサービスレベルを梃子（ドライバー）にして、改善を促せるようにします。

◆定期的な再コンペを実施する

いま付き合っているアウトソーサーが、改善に応じない場合や改善する力が弱い場合、あるいはスキルやノウハウが陳腐化した場合、望ましくない行為をした場合などは、アウトソーサーを再選定し、切り替える必要が出てきます。

惰性化したり、陳腐化したりするアウトソーサーを切り替えるためには、定期的にコンペを行なうことです。再コンペは、いま付き合っているアウトソーサーへの刺激になり、改善が促される場合もあります。しかし、どうしてもアウトソーサーのレベルが上がらないのであれば、思い切って変えてしまうべきです。

いつまでも、レベルの低いアウトソーサーと付き合っていれば、自社のレベルも落ちていきます。単なるコストの高低にとどまらず、ビジネスそのものの強みを壊されるおそれがある場合は、なおさら切り替えを検討しなければなりません。再コンペは、新規でコンペを行なうときと同じプロセスを踏んで実施します。

◆アウトソーサー切り替えではここに注意する

アウトソーサーを切り替えるときには、次の点に注意します。

① 実績、作業報告書、議事録等の文書は保管しておく

アウトソーサーがいままでどのような仕事をしてきて、どのような状態にあるのか、をきちんとわかるように文書類はすべて保管しておきま

⊘ アウトソーサー切り替えのプロセス

従来アウトソーサー

- 作業実績、作業報告書、議事録等の文書は保管
- 文書はすべて返却させる
- 機密保持契約は、アウトソーシング終了後、一定期間は有効にしておく

新アウトソーサー

- 新旧アウトソーサーの引き継ぎ期間をラップさせる
- アウトソーサーどうしで引き継ぎをしてもらう

す。

　こうすることで、新しいアウトソーサーが来たときに、引き継ぎが行ないやすくなります。また、何かおかしな点を見つけた場合も、内容と経緯、責任の所在が確認しやすくなります。

② **アウトソーサー側に渡した文書はすべて返却させる**

　セキュリティーが問題になりやすい現代では、アウトソーサー側に渡した文書はすべて返却させるべきです。万が一、競合企業側やネットなどに流出すると、大きな被害を受けることがあるからです。

③ **新旧アウトソーサーが協力して引き継ぐ**

　できれば引き継ぎ作業自体をアウトソーサーどうしでやってもらうように手配しましょう。コストダウンやスキル・ノウハウの獲得のために委託したのですから、引き継ぎもその範疇と考えましょう。長く仕事を請け負っていたプロのアウトソーサーであれば、その程度のことは朝飯前のことではないでしょうか。

コラム ❷

クラウド・コンピューティングの衝撃

◆時間と場所にとらわれないユビキタス社会の到来

　ネット環境が整備され、どこでもコンピュータを接続できる社会が到来しました。検索したり、自社データをダウンロードしたり、メールを送ったりすることがどこでもできるようになり、仕事もエンターテインメントも時間と場所にとらわれないユビキタス社会が本当に到来しました。

◆ユビキタスを支えるクラウド・コンピューティング

　ユビキタス社会を実現するためには、システムと接続しなければなりません。いままでは企業のセンターにサーバーがあり、そのサーバーに接続していましたが、インターネット技術の進展により、物理的にどこにサーバーがあるか意識する必要がなくなりました。
　そこで登場した概念がクラウド・コンピューティングです。サーバーはクラウド（雲）の中にあり、ユーザーはサーバー拠点を意識せず、まさに「サービスとしてシステムを使う」立場に特化できるわけです。
　さらに、クラウド・コンピューティングでは、システム開発すらやめて、運用・保守、サーバー保有すべてを完全にアウトソーシングすることで、システムコストの最小化をねらいます。

第4章

自社に合わせて機能別にカスタマイズする

1 アウトソーシング可能な機能はどんどん増えている

▎ITやネットワークの発達で
▎アウトソーシングの領域も拡大

◆ ほとんどの機能がアウトソーシング可能になった

　企業はさまざまな機能で構成されており、企業がビジネスを営むためには、それぞれの機能を担う人や組織が必要です。いままでは、こうした機能をすべて自社でまかなうことが当たり前と考えられてきました。

　しかし、よく考えてみると、すべての機能を自社でもつ必要はありません。すでに、多くの機能がアウトソーシングされています。自社のコアとなる機能だけしっかりとしていれば、ほとんどの機能がアウトソーシングできるのです。

　企画・戦略機能でさえ、アウトソーシングできます。すでに、採用、給与計算、福利厚生、教育は、多くの企業でアウトソーシングされています。

　また、経理、税務は、中小企業では当たり前のアウトソーシング対象です。アセットマネジメントという名で不動産や施設管理も普通にアウトソーシングされています。

　ここ数年の新しい動きですが、調達機能のうち、間接材購買が切り出されて、アウトソーシングされつつあります。企業の競争力のコアとも思える設計でさえ、実は長くアウトソーシングされてきました。製造も同じです。最近では、より戦略的に製造のアウトソーシングを活用した企業が伸びています。

　このように、調達アウトソーシングは、間接材が一般化してきていますが、これは、ネットの発達のおかげともいえます。もちろん、この流

れは直接材の調達にも広がりつつあります。

　そして、最も長く行なわれ、いくつものビジネスが発生しているのが販売と物流のアウトソーシングです。ITのアウトソーシングも、販売、物流に負けず劣らず進展してきています。これらの分野では、新しい方法論が次々に生まれています。

　このように、程度の差はあれ、いまでは企業の機能のほとんどがアウトソーシングの対象になります。

◆導入するときは自社に合わせてカスタマイズする

　ほとんどの機能がアウトソーシングできるということは、企業にとってのビジネスのコアは何かということを考えさせるきっかけになります。だからこそ、「企業のコアビジネスを見極める」（➡62ページ）ことが重要になるのです。

　私たちは、第3章でアウトソーシングを実施するための一般的なステップは学びましたが、実際はそれぞれの機能で必要に応じてカスタマイズしなければなりません。

　アウトソーシングのステップは、以下の10ステップがありました。

　　ステップ①　企業のコアビジネスの見極め
　　ステップ②　アウトソーシングすべき機能分野の検討
　　ステップ③　アウトソーシング形態の検討
　　ステップ④　アウトソーシングプロセスを設計する
　　ステップ⑤　アウトソーシングのねらい・想定効果を設定
　　ステップ⑥　アウトソーサー選定コンペの準備
　　ステップ⑦　アウトソーサーを選定する
　　ステップ⑧　アウトソーシング契約のポイント
　　ステップ⑨　業務引き継ぎ
　　ステップ⑩　アウトソーサーの管理方法の設定

　第4章では、各機能をアウトソーシングするにあたって、これらのステップに関することも含めて、留意点を明確にしていきます。

2 企画・戦略機能では主導権を保つことが重要

▍企画・戦略委託は委託先がリードしがち
▍なので主体性を失わないようにする

◆企画の委託内容はあいまいになりがち

　企画業務のアウトソーシングで、特徴的な留意点は、ステップ④の「アウトソーシングプロセスの設計」にあります。

　企画の場合、あいまいな要求に対する作業委託になりやすいため、要件を明示するミーティングと定期的に活動をチェックするミーティングを明確に設定していきます。最終の報告会の前に中間報告を必ず入れます。作業を任せたままで、いつのまにか想定しなかった企画がつくられているようなムダを排除するためです。

　要件を明示したとしても、企画の場合は数多くの提案を受け入れることになります。委託される側も、単なる要求どおりの企画ではなく、独自の創意工夫を入れることが付加価値にもなります。

　しかし、勝手な企画をさせないためにも、委託側企業が肝に銘じておくべきことは、主導権を握っておくということです。企画の提案の承認は、設定されたミーティングや中間報告などでスクリーニング（ふるい分け）し、委託側企業の意図に沿うようにコントロールします。

◆企業戦略立案は委託先に引きずられるリスクがある

　戦略立案の留意点は、アウトソーサーの管理にあります。戦略立案のアウトソーサーはコンサルティング会社やシンクタンクになることが多いと思いますが、こうしたアウトソーサーのコンサルタントは、時に委

留意点チェックリスト――企画のアウトソーシング

Yes
- ①依頼内容は明確か？ ☐
- ②依頼内容は合意されているか？ ☐
- ③作業内容は明確に把握しているか？ ☐
- ④成果物の形式は明確か？ ☐
- ⑤成果物は合意されているか？ ☐
- ⑥納期は明確か？ ☐
- ⑦納期は合意されているか？ ☐
- ⑧作業責任者は明確か？ ☐
- ⑨作業報告は定期的に行なわれているか？ ☐
- ⑩作業は依頼した内容に沿っているか？ ☐
- ⑪作業の進捗に問題はないか？ ☐
- ⑫費用請求は適切か？ ☐
- ⑬定期的にミーティングを開いているか？ ☐
- ⑭責任者がミーティングに出席しているか？ ☐
- ⑮企画の決定権は握っているか？ ☐

第4章 自社に合わせて機能別にカスタマイズする

ここが重要　企画のアウトソーシングでは、あいまいになりがちな作業内容や成果物、納期を明確にしておくことが重要

託側企業を軽んじ、独りよがりの戦略構想をつくり上げることがあります。さらに、経営陣と直接のパイプをつくり、実態のビジネスと乖離したところで戦略採用決定に影響力を振るうことがあるのでやっかいです。

最終的に戦略構想が提案されますが、その戦略案の採用検討には、一切そのコンサルタントたちを関わらせず、企業側のベテランと経営陣がもてるスキルと経験できちんと検証すべきです。

決して、戦略立案を依頼したコンサルタントを意思決定に同席させてはなりません。彼らの提案の多くは、この後も自分たちに仕事がくるように仕向けるセールスの道具でもあるのですから注意が必要です。

◆アウトソーサーの暴走を許さないようにする

製造部品の販売で成長した企業が、有名なコンサルティング会社に自社の戦略立案構想を頼んだときがありました。カタログ販売で成功しているので、同じような形で病院にも医療器具や消耗材のカタログ販売ができるとの戦略が策定されました。

一部の営業担当者からは、「業界がちがうから合わない」と反対が出ましたが、戦略コンサルティング会社は一方的に持論を展開し、提案は経営陣に採用されました。その後のビジネスの立ち上げもこのコンサルティング会社が受注しました。しかし、なかなか成功しませんでした。

コンサルティング会社は委託料をもらえば終わりです。採用した戦略実行の責任は委託側企業が負うのですから、戦略構想の採用は企業が主導して行なうべきです。また、途中の作業内容の実施の可否も委託側企業が判断すべきです。よく勝手に社内をヒアリングして回っているコンサルタントがいますが、こうした行動は社内によけいな憶測を生み出します。だれにいつヒアリングするのかの決定と通知は委託側企業が行ない、ヒアリングスケジュールも統制します。

戦略立案のアウトソーシングでは、アウトソーサーの管理を十分に委託側企業で行ない、アウトソーサーであるコンサルタントたちが暴走しないように手綱を握っておくべきなのです。

留意点チェックリスト──戦略のアウトソーシング

　　　　　　　　　　　　　　　　　　　　　　　　　　　　Yes

① 依頼内容は明確か？　☐
② 依頼内容は合意されているか？　☐
③ 作業内容は明確に把握しているか？　☐
④ 勝手な戦略立案は不許可としているか？　☐
⑤ 成果物の形式は明確か？　☐
⑥ 成果物は合意されているか？　☐
⑦ 納期は明確か？　☐
⑧ 納期は合意されているか？　☐
⑨ 作業責任者は明確か？　☐
⑩ 作業報告は定期的に行なわれているか？　☐
⑪ 作業は依頼した内容に沿っているか？　☐
⑫ 勝手に経営陣とミーティングすることは不許可としているか？　☐
⑬ 勝手にインタビューすることは不許可としているか？　☐
⑭ 作業の進捗に問題はないか？　☐
⑮ 費用請求は適切か？　☐
⑯ 定期的にミーティングを開いているか？　☐
⑰ 責任者がミーティングに出席しているか？　☐
⑱ 意思決定にコンサルは不参加としているか？　☐
⑲ 参加しているコンサルはベテランか？　☐
⑳ 単なる勉強で来ている若手は排除したか？　☐
㉑ 非現実的な提案は拒否しているか？　☐
㉒ 実行できないのは戦略案が悪いと明確に伝えているか？　☐
㉓ この後も自分たちを使えという提案は拒否しているか？　☐
㉔ コンサルの自己満足な提案は拒否しているか？　☐

第4章　自社に合わせて機能別にカスタマイズする

> **ここが重要**
> 戦略のアウトソーシングでは、あくまで主体が委託側企業であり、勝手な戦略立案をさせないことと、意思決定に関与させないことが重要

3 採用、給与計算、福利厚生、教育はアウトソーシングできる

▎それぞれ重視すべき特有の
▎アウトソーシングのポイントがある

◆採用のアウトソーシングでは採用業務の引き継ぎがカギ

　採用のアウトソーシングは、募集、候補者のスクリーニング、紹介のステップを踏みます。第3章で紹介したステップ⑨の募集に関わる「業務引き継ぎ」が重要になります。

　この場合の業務引き継ぎとは、募集するにあたって採用したい人材のスペックや採用で重視すべき要件を引き継ぐことです。こうすることで、採用のアウトソーサーはまず書類審査でスクリーニングしたうえで、適切な人材を選定してくれます。ただし、あくまでも採用の最終決定は委託側企業が行なうべきですから、きちんと面接をセットし、判断しましょう。

　また、注意すべきなのは、人材採用のアウトソーサー側が報酬欲しさに、適当な人材であったとしても、さもすばらしい人材であるかのように「底上げ」して紹介してくる場合です。いざ採用してみると、まったく期待外れの場合もあります。そうしたことが起きないように、紹介された人材でも納得いくまで面接をすべきです。

◆採用の委託は複数のアウトソーサーを使う

　採用に関しては、1社のアウトソーサーに頼るのではなく、複数のアウトソーサーに委託すべきです。1社では探索できる範囲にも限界がありますし、アウトソーサーや担当者で人材が偏って募集される場合があ

留意点チェックリスト――採用のアウトソーシング

Yes
- ①採用したい人材像は明確か？ ☐
- ②採用したい人材がもつべきスキルは明確か？ ☐
- ③採用したい人材のもつべき経験は明確か？ ☐
- ④採用したい役職レベルは明確か？ ☐
- ⑤役職別給与、報奨、福利厚生は明確か？ ☐
- ⑥採用したい年齢層は明確か？ ☐
- ⑦上記の採用したい人材要件は伝わっているか？ ☐
- ⑧採用の基準は明確か？ ☐
- ⑨アウトソーサーの強い業界は把握しているか？ ☐
- ⑩アウトソーサーの強みと自社の要求はマッチしているか？ ☐
- ⑪必要に応じて、複数のアウトソーサーを使っているか？ ☐
- ⑫採用時のアウトソーサーへの報酬は適切か？ ☐
- ⑬候補者はスクリーニングされているか？ ☐
- ⑭とことん面接は行なっているか？ ☐
- ⑮アウトソーサーと定期的に面談をしているか？ ☐
- ⑯アウトソーサーは定期的に人材を紹介してくるか？ ☐
- ⑰紹介される人材は適切か？ ☐
- ⑱アウトソーサーと転職市場の情報交換をしているか？ ☐

第4章 自社に合わせて機能別にカスタマイズする

ここが重要 採用のアウトソーシングでは、採用したい人材の要件がきちんと伝わっているかどうかと、アウトソーサーの質が高く適切な人材を紹介できるかどうかが重要

るからです。

　採用のアウトソーシングは、長期のベース契約プラス紹介時の規定報酬（いわゆる成功報酬）をとる場合と、まったくの成功報酬だけの場合とがあります。

　前者は、外資系や大手の人材紹介会社、ヘッドハンティング会社に多く、後者は、独立系の会社や個人に多くある形態です。

◆給与計算のアウトソーシングはコストダウンにつなげやすい

　給与計算業務は、繁忙期と閑散期が周期的に発生します。月次の給与計算では給与支払日前が忙しく、それ以外は仕事が多くありません。ボーナス支給という年に数回の計算時期も忙しくなります。また、年末調整時も繁忙期となります。

　常駐者を雇っていては、ピーク時対応で最大人数が必要となり、固定費化して人件費がかかりすぎます。一方、アウトソーサーは、給与計算対象の社員数で課金してきます。従量課金制なので、給与計算に関する費用が変動費化できます。給与計算はコストダウンを行なうためのアウトソーシングには最適な分野なのです。

　実際に給与計算をアウトソーシングするには、第3章で紹介したステップ④の「アウトソーシングプロセスの設計」が重要です。法改正による源泉徴収税額や社会保険料の変更などは、アウトソーサーが把握し対応してくれますが、社員の家族構成の変化、社内手当の変動などは、委託側企業が業務プロセス上でどう迅速に連携するかが重要になります。

　また、残業や早退などの勤怠情報もきちんと伝えなければなりません。もし、アウトソーサー側が勤怠管理や家族構成変更情報管理のシステムをもっていれば、そのシステムを使用する方法もあります。自社システムでは開発費がかかりますが、アウトソーサーのシステムを使えば、使用費と運用費でまかなうことができます。この点でもコストダウンが図れるのです。

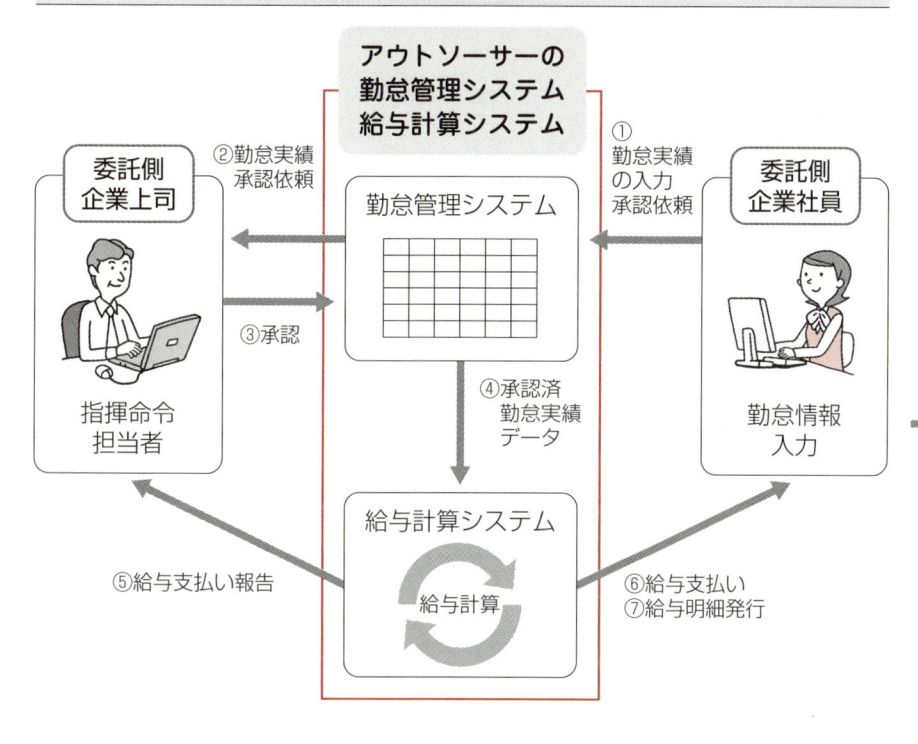

⊘ アウトソーサーがもつ給与計算システム（勤怠管理システム＋給与計算システム）を活用する

アウトソーサーの勤怠管理システム／給与計算システム

- 委託側企業上司（指揮命令担当者）
- 委託側企業社員（勤怠情報入力）

① 勤怠実績の入力／承認依頼
② 勤怠実績承認依頼
③ 承認
④ 承認済勤怠実績データ
⑤ 給与支払い報告
⑥ 給与支払い
⑦ 給与明細発行

勤怠管理システム → 給与計算システム（給与計算）

第4章　自社に合わせて機能別にカスタマイズする

● 留意点チェックリスト──給与計算のアウトソーシング

	Yes
①人事上の変動項目は遅滞なく伝えているか？	☐
②勤怠情報は遅滞なく伝えているか？	☐
③アウトソーサーのシステムは使えるか？	☐
④法律の変更等には迅速に対応しているか？	☐
⑤セキュリティーは万全か？	☐

◆アウトソーシングにより安価で手厚い福利厚生を実現

　福利厚生では、社宅、寮などの住宅関連の斡旋、管理があります。医療・健康面では、健康診断や人間ドック、メンタルヘルス対応、フィットネスクラブの法人登録があります。また、保養所の運営、管理やクラブ活動も福利厚生の一環です。こうした項目は一般にアウトソーシングされています。

　まだ日本が高成長を誇っていた時代には、各社がこぞって各地に保養所を建てたものです。しかし、低成長時代が続き、社員も企業の保養所を使うことを敬遠するようになりました。企業も、研修や集会を保養所で行なったものですが、そうしたことも少なくなりました。そうしたなかで、維持管理が高コスト化した保養所を売却するか、維持するかが問題になり、解決の一方法として保養所の運営のアウトソーシングが登場したのです。ただし、単なる運営委託だけでなく、社員利用の繁忙期以外は一般の宿泊客にも開放し、収益を稼ぐ資産にすることも可能になりました。社員も使えるうえに、外部に開放し収益を稼ぐという一石二鳥の方法です。

　福利厚生関係でのアウトソーシングで特徴的なのは、カフェテリアプランといって、社員の役職によって選べるメニューが違うことです。たとえば、役職者は人間ドック、それ以外は通常の健康診断などの選択を可能にするというものです。

　こうした福利厚生は、1社ではコストが高くなってきます。アウトソーシングすることで、アウトソーサー側がサービスを企業間にシェアすることで、手厚い福利厚生が可能になるのです。

　アウトソーシングによって幅広いメニューを用意し、手厚い福利厚生を実現する例が、さらに出てきています。たとえば、財形貯蓄や確定拠出年金の運用委託などです。

　また、最近では女性の社会進出が進み、重要な人材となっています。こうした女性が出産や育児で仕事から遠ざかってはもったいないので、

◎ 福利厚生施設をアウトソーシングで収益化

保養所 → アウトソーサーに運営委託 → 社員の福利厚生／一般に貸し出し → 収益

高度経済成長の時代に、多くの企業が各地に保養所を建てた。しかし、最近では保養所の稼働率が低下し、維持コストがかかるためお荷物化してしまっている

第4章　自社に合わせて機能別にカスタマイズする

● 留意点チェックリスト──福利厚生のアウトソーシング

Yes
- ①アウトソーサーはシェアド化しているか？　□
- ②カフェテリアプランを用意しているか？　□
- ③福利厚生施設等サービスは使い勝手がよいか？　□
- ④新しいサービスを提案してくるか？　□

アウトソーシングによって、託児所を社内に設けたり、外部保育所・保育士と契約して保育を引き受けたりする企業も増えています。

◆アウトソーシングで最新の社員教育ができる

　社員教育もアウトソーシングが盛んになってきている分野です。教育のアウトソーシングとしては、教育計画の立案、講師や教材の作成、教育の実施、教育運営管理などがあります。社員教育のアウトソーシングでは、ここであげた項目を一括でアウトソーシングする場合と、教育の実施だけといった具合に、個別にアウトソーシングする場合があります。

　社員教育のアウトソーシングでは、提案依頼を行なうステップ⑥（第3章）の「アウトソーサー選定コンペの準備」が重要です。どのような人材に育ってほしいのか、どのようなスキルを身につけてほしいのか、具体的にアウトソーサーに提案ができるようにする必要があります。

　教育に関しては、教育の主体によっていくつかの形態が出てきます。教育主体と考えられるのは、人事、各部門と特殊なところでは労働組合があります。

　人事が行なう教育は、新入社員研修や職能別の基本研修などの定義されたクラスにもとづいた全社共通の研修が主要なものになります。実際、自社の沿革や仕事の説明以外の新人研修の一部をアウトソーシングしたり、マネジャー研修やシニア研修をアウトソーシングしたりするケースがよくあります。

　こうしたクラスにもとづいた研修は、クラス別に基本的に習得してほしい知識やスキルを定義しておく必要があります。定義した知識やスキルの習得に適した教育をアウトソーサーに要件として提示して、適切な選定を行ないます。

　クラス別の知識、スキルが定義されていれば、外部講師を招いたり、外部の講義に出席するような形式以外に、通信教育やe-ラーニングを活用したりすることもできます。この場合、教育で講師を呼んだり、場所を提供したりせずにすむため低コストで実施することができます。

● **留意点チェックリスト──教育のアウトソーシング**

　　　　　　　　　　　　　　　　　　　　　　　　　　Yes
①教育内容、教育目標等は明確か？　　　　　　　　　□
②教育計画は立案されているか？　　　　　　　　　　□
③提案依頼は明確か？　　　　　　　　　　　　　　　□
④きちんとした教育提案がされているか？　　　　　　□
⑤受講者の満足度は高いか？　　　　　　　　　　　　□

　人事主導の教育は全社で教育予算をとって、全社的に実施します。人事経由でアウトソーシング契約を結びます。

◆部門別の教育でも人事一括契約でコストダウンができる

　各部門が実施すると教育はOJTが中心になることが想定できますが、一部部門で正式な研修や講義を設定し、外部に依頼することもあります。部門で個別に教育予算をとって行なうことも多いと思いますが、コストを下げるために、人事経由で社員教育アウトソーサーと一括契約をしてもらい、必要に応じた研修を依頼することで、本社人事一括契約の割引をしてもらうこともできます。集中購買型を教育に適用し、契約と実施を分けることでコストダウンを図るのです。

　企業の人事や各部門以外に、労働組合が教育を担うこともあります。労働組合の教育も真剣なもので、組合員による教育だけでなく、外部にアウトソーシングする形態も増えてきています。

　人事、部門、労働組合と主体はさまざまですが、社員教育は基本も高度な部分もきちんと受講でき、最新の知識、スキルを身につけるチャンスとなるように、企業側が努力をしなければならない重要な事項です。

4 経理、税務などの会計機能は比較的委託がしやすい

■ コストダウンが主目的の機能の
アウトソーシングはやりやすい

◆経理業務の委託目的はコストダウン

　経理業務は古くからアウトソーシングされてきました。経理業務は、制度会計にもとづいた処理がされるだけで、特段付加価値はありません。正確で、迅速で、安価なアウトソーサーをきちんと選定して依頼します。その意味では、ステップ⑥の「アウトソーサー選定コンペ」が重要です。

　この場合のアウトソーサーは会計事務所や税理士事務所になります。彼らは、多くの企業の経理業務を請け負っているので、業務の連携も慣れています。したがって、連携のプロセス等は、アウトソーサー側から提案されるので安心です。

　経理のアウトソーシングで注意すべきは、担当者の人間性とスキルです。通常、経理のアウトソーシングでは、資格保持者の会計士・税理士、あるいは実務経験と知識が豊富なベテランと若手（新人や見習い）がペアで動くことが多くあります。

　実務的に会計の仕訳をしたり、証憑をまとめたりするのは、若手になります。若手はベテランが指導し、作業結果をきちんとチェックすべきですが、時にずさんなことがあります。ベテランが忙しいとか、人間的にいいかげんであると、手抜きの経理処理を行なわれるおそれが高いので、担当となるベテランの仕事に対する姿勢や人間性をきちんと見極め、必要に応じて担当者変更を依頼すべきです。

　また、会計処理の方法も日進月歩の状態でどんどん変わっています。最新の勉強を怠っているように見えた場合は、注意が必要です。知識が

留意点チェックリスト──経理のアウトソーシング

　　　　　　　　　　　　　　　　　　　　　　　　　　Yes
① 業務の連携に慣れているか？　　　　　　　　　　　　□
② 連携のプロセスは整備されているか？　　　　　　　　□
③ 会計原則等の変化に迅速に対応しているか？　　　　　□
④ 担当のベテランは若手の指導に熱心か？　　　　　　　□
⑤ 担当のベテランは人間的に成熟しているか？　　　　　□
⑥ 担当のベテランは勉強をしているか？　　　　　　　　□
⑦ 担当のベテランは情報提供をしてくれるか？　　　　　□
⑧ 若手しか担当していないという不備は避けているか？　□
⑨ 勝手な経営分析などの提案は控えているか？　　　　　□
⑩ セキュリティーは万全か？　　　　　　　　　　　　　□

古いと委託側企業に損失を与えかねないので、ベテランだからといって安心はできません。素直に勉強して、積極的に新しい情報や知識を教えてくれるような人を選びましょう。

　アウトソーサー側から経営分析などが提案されることもありますが、参考意見程度にしておくべきです。仕事のボリュームを増やしたいので提案してきますが、教科書的な内容だったり、時に経営判断を誤らせかねない会計知識だけの分析だったりします。

　経理業務に付加価値はありませんから、コストダウンが重要になります。どんなにすばらしい経理業務を社内で行なっても、結局はコストが発生する業務なのです。

◆税務のアウトソーシングで最新税法に対応する

　おそらく税務署員でも、全体像を知っている人はいないのではないかと思われるほど複雑なのが日本の税法です。そのうえ、特例が連発されて、何が最新なのかさえつかむことが困難です。

　特例の施行時期、過去の特例の廃止時期など税法そのものの効果の発効時期、失効時期も把握しなければならず、投資や購入のとき、特例の発効を待つべきか、失効を意識すべきか、税法が変更になった場合、過去の投資や購入は大丈夫かなどタイミングを意識するのも大変です。

　こういうことに気をつけながら、税務計算しなければならないのですが、人材を社内に置いて、税務申告を社内できちんと適法に行なったとしても、とくに売上げが増えるわけでもなく、利益が増えるわけでもありません。かえって人件費分コストが増大するかもしれません。ですから、税務申告を社内で行なうことに付加価値はありません。

　税務申告は、経理業務と同じく、会計事務所や税理士事務所に委託できます。彼らもプロですから、最新の税法をフォローし、税務申告を手伝ってくれます。

　経理業務同様、ステップ⑥の「アウトソーサー選定コンペ」に力を入れます。選定で重要なことは、仕事の質と過去の実績で税務署との関係がよいかどうかです。いいかげんな仕事をしたり、脱税に関わって税務署ににらまれたりしている場合があるからです。

　ここでもやはり会計事務所や税理士事務所にアウトソーシングすると、ベテランと若手の組み合わせで仕事をしてくれることが多くなります。経理業務同様の「人」に対する留意点があります。

　地方都市では元税務署職員が税理士として独立している場合があります。ある年数、税務署に勤めると税理士免許がもらえるからです。税務署とのコネを生かして、仕事をたくさんとっていた人もいたと聞いていますが、それはもう過去の話です。コネで仕事をするのではなく、きちんとプロとして仕事をするアウトソーサーを見つけましょう。

留意点チェックリスト――税務のアウトソーシング

　　　　　　　　　　　　　　　　　　　　　　　　　　　Yes
① 業務の連携に慣れているか？　　　　　　　　　　　□
② 連携のプロセスは整備されているか？　　　　　　　□
③ 税法等の変化に迅速に対応しているか？　　　　　　□
④ 担当のベテランは若手の指導に熱心か？　　　　　　□
⑤ 担当のベテランは人間的に成熟しているか？　　　　□
⑥ 担当のベテランは勉強をしているか？　　　　　　　□
⑦ 担当のベテランは情報提供をしてくれるか？　　　　□
⑧ 若手しか担当していないという不備は避けているか？□
⑨ 勝手な経営分析などの提案は控えているか？　　　　□
⑩ セキュリティーは万全か？　　　　　　　　　　　　□
⑪ 脱税には一切関与したことがないか？　　　　　　　□
⑫ 税務署とのコネで仕事をしていないか？　　　　　　□

> **ここが重要**　税務のアウトソーシングでは、税法に詳しく、まじめで正確で、適法性を重視するベテランを確保する。税務署とのコネで仕事をしている税理士には注意が必要

第4章　自社に合わせて機能別にカスタマイズする

　もちろん、税務署出身でも優秀な税理士はいます。そのときの判断基準は、税務署との交渉に長けているというようなことでは困ります。税務署もOBたちを優遇することはなくなってきていると思いますので、そうした「トラブル処理」を期待するのではなく、税法を熟知し、適法に税務申告ができるアウトソーサーを探すことが王道です。

◆法務のアウトソーシングで複雑化する法対応に備える

　最近では企業が法的に対応する場面が増えてきています。PL（Product Liability；製造物責任）法施行以降は顧客の側の権利意識も強くなり、状況によっては訴えられる場合もあり得ます。

　また、ビジネス間でも、権利関係が最近は敏感になってきています。特許の侵害や社員と企業のどちらに開発の権利があるのかなど、訴訟が絶えません。権利関係は、企画や開発、業務請負の前の契約条項を整理する段階で、著作権や人格権などの帰属関係を明確にしておく必要があります。

　同様に、ビジネス上のトラブルも後を絶ちません。「言った、言わない」の争いはいまだにあります。発注や受注に関しても、厳密な定義が法律上されてきています。とくに大企業がいままでのように発注をあいまいにしたまま仕事をさせて、支払いを渋ったりすると下請法（下請代金支払遅延等防止法）に抵触するおそれも出てきています。

　そのほか、偽装請負が問題になった労働者派遣法の改正や食品偽装問題、M&Aに対する買収対策、政治資金規正法など、法的な対応の必要性は枚挙に暇がありません。

　こうした法的な対応をするために、社内に法務担当がいる場合もありますが、法律は複雑です。顧問弁護士の形でアウトソーシングするのが有効です。中小企業では、社内に法律の専門家を抱えておくのはコスト高になりますから、積極的にアウトソーシングを活用すべきです。

　ただし、すべてお任せにしてしまうと、ばく大な顧問料になります。たとえば契約書チェックを依頼すると、誤字脱字チェックも請求時の作業時間に含まれてしまいます。

　したがって、法務のどの業務をアウトソーシングするのか、きちんと決めておく必要があります。法律の専門家なのですから、法律以外のことで時間をとらせないようにしなければなりません。

　また、弁護士ごとに得意分野、不得意分野があります。民事に詳しい

留意点チェックリスト──法務のアウトソーシング

```
                                                          Yes
①業務の連携に慣れているか？                                □
②連携のプロセスは整備されているか？                        □
③法律等の変化に迅速に対応しているか？                      □
④委託企業側に法務担当を置いているか？                      □
⑤丸投げは避けているか？                                    □
⑥所属弁護士の得意分野は押さえているか？                    □
⑦案件に関連する国の法律には明るいか？                      □
⑧経験が豊富か？                                            □
```

とか、刑事に詳しいというのもありますし、資産関係の係争に詳しい、ITに詳しい、国際法には疎いといった具合です。得意・不得意を見極め、自社に合った弁護士、法律事務所を選びましょう。

◆商標権、特許関係は弁理士事務所にアウトソーシングする

　法務関係のなかで、最近重要になってきているのが商標権や特許関係に関する対応です。法律事務所でも対応はできますが、商標権の申請や特許申請などで熟練している弁理士事務所にアウトソーシングすることが適切でしょう。

　とくに、最近では国際間での商標侵害、特許侵害が頻発しています。弁理士の活躍の場は増えていますが、法律事務所や弁護士同様に弁理士にも得意・不得意があります。国際案件の要望も高まっていますが、どの国をよく知っているか、自社の業界、扱う権利（ソフトウエアか、意匠かなど）によって得意・不得意があるのでよく見極めましょう。

5 不動産の委託で総務部門を スリム化し収益事業化する

> 不動産を守りの資産から収益資産に
> 変えるのがプロパティマネジメント

◆不動産メンテナンス事業の外部委託で総務部門をスリム化

　ビルや倉庫などの自社の不動産管理やメンテナンスをアウトソーシングします。設備管理・清掃・警備などの不動産維持・作業管理を行なうメンテナンス会社と契約することが多くなります。
　こうした作業は自社で行なわず、アウトソーシングすることで、総務部門をスリム化できます。

◆プロパティマネジメントで余剰施設を収益事業化する

　自社利用しているだけでなく、余剰な不動産がある場合、単なるメンテナンスだけでなく、不動産を使った収益事業へと歩を進めます。プロパティマネジメントという不動産の"経営代行業"です。
　開発提案や不動産価値を高めるリノベーション提案、工事・補修管理、テナント運営、メンテナンスを行ないます。メンテナンス会社にアウトソーシングする際のメンテナンス会社選定も代行します。
　プロパティマネジメントの料金体系は、作業単位の固定的な費用で請け負うメンテナンス会社と異なります。プロパティマネジメント会社の報酬は通常、不動産の収益に連動する方式、または、収益連動報酬と固定報酬を組み合わせる方式などがあります。不動産の収益性をベースにした業務を行ない、その結果生み出された収益に連動した報酬が取り決められるのです。

留意点チェックリスト──プロパティマネジメントのアウトソーシング

　　　　　　　　　　　　　　　　　　　　　　　　　　　Yes
①設備管理・清掃・警備などのレベルは高いか？　　　　□
②作業管理は万全か？　　　　　　　　　　　　　　　　□
③不動産で収益をあげているか？　　　　　　　　　　　□
④勝手な経営分析などの提案は控えているか？　　　　　□
⑤セキュリティーは万全か？　　　　　　　　　　　　　□

　自社ビルの空きスペースの活用、遊休施設の活用などを行なう際、こうしたプロパティマネジメントのアウトソーシングを行なうことで、不動産で利益を稼ぐプロフィットセンター化することができます。

◆設備メンテナンス分野ではサード・パーティーが登場

　自社ビルのエレベーターや受電装置などは、いままで特定の業者にアウトソーシングされてきました。エレベーターであればそのエレベーターの製造企業、受電装置であれば、○○電機保安協会などです。
　こうした分野では、サード・パーティー（➡160ページ）が登場し、より安いコストでのメンテナンスを請け負うようになりました。

◆清掃や警備は定期的な見直しでなれ合いを防ぐ

　清掃や警備などは、従来からアウトソーシングが行なわれています。長い付き合いはよいのですが、逆になれ合い業務を生む可能性があります。定期的にコストとサービスを見直し、アウトソーサーにも緊張感をもってもらいましょう。

6 設計の外部委託は作業外注と部品購入がある

■ 従来からの図面委託に加えて
■ 設計の委託化も進んでいる

◆図面描きだけアウトソーシングするCAD作業外注

　設計は企業の競争力を左右する重要な業務機能です。製品開発にあたって、その会社の独自のノウハウや開発者の思いが込められています。こうした業務はアウトソーシングすることは困難ですが、それでも、その一部は以前からアウトソーシングされてきました。

　その一部の業務機能とは図面作成です。とくに、CAD（Computer Aided Design）システムが普及してからは、コンピュータを用いた図面描きを外注化してきました。

　しかし、図面といっても機能単位の細分化された一部分の図面が中心です。やはり設計全体のプロセスをアウトソーシングすることは、企業の競争力維持を考えると無理があります。

　また、製品設計だけでなく、つくり方を設計する製造設計や試作、量産試作、プリプロダクションと続く過程の設計作業を外注化するのは、さらに困難です。

　設計業務は、今後の製品開発を司る、企業の機密情報の塊（かたまり）です。そう簡単にはアウトソーシングできる機能ではありません。

◆承認図方式で設計をアウトソーシング

　一方、部品設計の場合は、サプライヤー側にアウトソーシングすることができます。設計段階で、サプライヤーが機能設計から図面起こしま

で行ない、発注者側がその図面を承認する方法です。この方式は承認図方式と呼ばれたりします。

　部品が汎用品ではなく、専用部品である場合、承認図方式の設計アウトソーシングが行なわれます。こうしたアウトソーシングは、コンペが行なわれるわけではなく、長年付き合いのあるサプライヤーに委託されるのがほとんどです。

　日本ではサプライヤーを巻き込んでの製品開発は普通のことで、欧米企業から日本の製品開発の強みを分析された際、こうした共同開発のコンセプトが把握されました。

　実態は系列取引のなかでの共同開発ですが、実際の製品設計の一作業として部品設計が行なわれ、つくりやすさを追究する製造設計も共同で行なわれることがあります。こうした作業方法がサプライヤーも巻き込んだ「コンカレント・エンジニアリング」と称され、模倣されるようになったのです。

　しかし、昨今ではサプライヤーの流動化も始まっています。要求仕様を開示してサプライヤーを選定することも、今後出てくるでしょう。そうなると、オープンな関係での設計アウトソーシングになります。承認図といいながら、実際の部品設計をサプライヤーが担うのであれば、権利関係をきちんと整理しておくべきです。

　激烈な国際競争のなかで、今後系列も徐々に崩れ、オープンな関係に移行すると想像できます。

◆解析のアウトソーシングで試作品のコストダウンを図る

　図面に描いた製品がどれくらいの強度をもつか、あるいは特定条件下で問題がないかどうかを検証するのが解析シミュレーション業務です。

　たとえば、強度を測る検査は非破壊検査ですが、これをいちいち試作品を作って行なっていては、ばく大な費用と時間がかかってしまいます。そこで、コンピュータ上で解析シミュレーションを行なうのです。

　解析の種類は、強度だけでなく、水や空気などの流体の流れ方を解析

する流体解析、熱伝導を解析する熱伝導解析、磁気の解析、駐車場をつくった場合の交通量シミュレーション、製造ラインや自動搬送車の干渉・稼働解析など多くのシミュレーションが存在します。

　試作などで、実際にモノを作るとばく大な費用と期間がかかる場合は、こうした解析業務のアウトソーシングで、効率化し、試作品を絞り込んでコストダウンしていくことを心がけるといいでしょう。

　ただし、こうした解析系のアウトソーシングも、それなりの費用がかかるので、解析したい要件は明確にしてアウトソーシングすべきです。解析後、絞り込んだ新製品を試作するべきでしょう。

◆試作アウトソーシング、量産試作アウトソーシング

　設計に引き続いて行なわれるのが、試作です。試作は、図面から離れて金型を起こし、製造が可能なのかをトライする段階です。

　試作のアウトソーシングはかなり人手に頼る世界です。アウトソーサーといっても職人的な試作メーカーとの付き合いになります。また、規模的にも中小が多くなります。日本の製造業は、図面から金型を起こし、試作、量産試作、量産向け金型生産まで一貫して行なえる中小製造業が多く存在するから強いのです。

　試作を担う職人的なアウトソーサーとは大切に付き合いましょう。

◆新製品開発に関わるその他のアウトソーシング

　設計業務以外にも、新製品開発に関わるその他のアウトソーシングがいくつかあります。

　そのなかでも、大きな分野としてあるのが、製薬メーカーが新製品開発するときに利用するアウトソーサーです。

　創薬といわれる開発期間には、薬の原料となりそうなさまざまな物質を探索します。そこで、菌類、植物、動物、その他鉱物などで薬の成分になりそうな物質を探すアウトソーサーが存在します。膨大な物質探索

留意点チェックリスト──設計のアウトソーシング

　　　　　　　　　　　　　　　　　　　　　　　　　　　Yes
①CADオペレーションのみのアウトソーシングか？　□
②設計図の帰属は明確か？　□
③図面管理はきちんとしているか？　□
④セキュリティーは万全か？　□
⑤試作の前の解析シミュレーションは検討したか？　□
⑥解析アウトソーシングでは要件は明確か？　□
⑦試作のアウトソーサーとの関係は良好か？　□
⑧試作アウトソーサーに無理な依頼はしていないか？　□

> **ここが重要**　設計作業は属人化が強いのが特徴で、アウトソーシング市場として整備されるのはこれからと思われる

は、製薬メーカーだけでは手に余るからです。

　創薬後には治験がありますが、治験もアウトソーシングされています。治験では、治験を行なう施設の協力を取り付けることとたくさんの治験者を集めることが必要です。こうした手間をアウトソーサーが代行するのです。こうした作業だけでなく、治験データの解析・分析を受託するアウトソーサーもあります。

　我々の健康を守る薬の開発には、たくさんのアウトソーサーが関わって、長い時間をかけて行なわれるのです。

7 製造分野は工程外注と並行して一括委託が進展

■ 電子機器分野では EMS と呼ばれる
　一括委託が普及している

◆従来型の作業外注(工程外注)のニーズも続く

　製造の分野では、従来から作業外注や工程外注としてアウトソーシングが行なわれてきました。自社の人員や設備能力が不足している場合に単純な作業や、加工・組立てを外注化したりして、納期を遵守するとともに、新規採用や設備投資を抑えてきました。作業外注、工程外注は今後も続きます。(今後、変更されるかもしれませんが)労働者派遣法の改正に伴い、製造現場への派遣社員の導入も増えています。

　作業外注、工程外注での留意点は、アウトソーシングでいうステップ⑨の「業務引き継ぎ」としての作業指示と要求仕様の提示にあります。アウトソーシング期間が短期間になる場合が多く、作業がすぐできるように標準化されているかどうかが重要です。

　また、要求仕様が明確でないと製造工程でのもたつき、リワーク(作り直し)の原因となるだけでなく、品質の悪化にもつながります。

　委託側企業としては、作業の標準化が必須です。標準化していない作業は、外注化することが困難です。

◆製造現場への派遣社員の投入は適法性を維持する

　労働者派遣法の改正により、製造現場への労働者の派遣が可能になりました。従来、作業外注や工程外注は不足する生産能力の補てんの意味で使われてきましたが、そうした企業間の委託・受託関係ではなく、派

留意点チェックリスト――従来型の作業外注、工程外注のアウトソーシング

　　　　　　　　　　　　　　　　　　　　　　　　　　　　　Yes
①作業は標準化されているか？　　　　　　　　　　　　　　　□
②仕様は明確になっているか？　　　　　　　　　　　　　　　□
③偽装請負にならないように気をつけているか？　　　　　　　□
④勤怠管理はきちんとされているか？　　　　　　　　　　　　□
⑤セキュリティーは万全か？　　　　　　　　　　　　　　　　□

> **ここが重要**　労働者派遣法の行方が流動的にはなっているが、製造業でのアウトソーシングでは、労働環境を整備し、就業規則を適法にするのは委託側企業の責任

遣社員という個人が生産能力と需要とのギャップの直接の緩衝材になってしまう状況が生じました。

　リーマンショック後の景気後退に伴う「派遣切り」が問題になり、製造現場への派遣社員の派遣が流動的になっています。しかし、この法律が生きているかぎり、製造現場への労働者派遣は続きます。

　その際、きちんと労務管理を行ない、働く環境を提供し、就業条件を適法にして、偽装請負のような問題を引き起こさないように、委託側企業が対応をしなければなりません。

◆一括型で注目される電子機器のEMS

　こうした作業や工程という製造の一部分ではなく、全体をアウトソーシングする方法もあります。工場をもたずに他社に製造を一括発注するファブレス型の製造アウトソーシングがあります。

製造のアウトソーシングは広く行なわれており、OEM（供給先ブランド製造）が一般的です。とくに最近は製造コストの低減をねらって、中国や東南アジアの製造業に製造を委託することが一般化しています。人件費が安いため、組立コストが低減できるとして、一時期は台湾や韓国が欧米企業や日本企業のアウトソーシング先として注目されていました。

　こうしたなかでアウトソーシングが発展した結果、電子機器の製造で注目されたのが、EMS（Electronics Manufacturing Service）です。製品のライフサイクルが短い電子機器の部品などを一括で請け負うのがEMS業者です。電子基板などは、代替わりが早く、少ない生産量に対して設備をもつことが不採算のため、EMS業者にアウトソーシングすることが一般化しました。

　EMS業者へのアウトソーシングでは、基本的に設計は委託側企業が行ないます。量産前の製造準備は、委託側企業が行なう場合もあれば、EMS業者が権利をもっていれば、EMS業者が行なう場合もあります。

　また、EMS業者は人件費コストなどが安い地域に工場を構えることで、徹底したコストダウンと短納期で応え、大きく成長してきています。最近では、基板実装だけでなく、組立てまで実施するEMS業者も多く、自社ブランドをもつまでに成長した企業もあります。

◆新興国のアウトソーシングでは児童就業が問題になっている

　一方で最近はEMS業者が立地する新興国の人件費も高騰したため、うまみが消えつつあります。また、こうした新興国の労働者は、企業への忠誠心がないため、キャリアを積んだらさっさと会社を変わってしまい、教育のコストの回収がむずかしくなっています。

　そこで、安い地域を求めて、ベトナム、ミャンマーなどのさらに人件費が安い地域での製造が模索されています。しかし、こうした新興国は経済発展に伴って貧富の差が拡大しており、もともと政情が不安定なこともあって、リスクが付いて回っています。

◆ **留意点チェックリスト────EMSのアウトソーシング**

                Yes
① 権利関係は明確か？   □
② 品質管理、納期管理は万全か？   □
③ 児童などの労働者を使っていないか？   □
④ 労務管理は万全か？   □
⑤ セキュリティーは万全か？   □

 労働環境の整備は基本的にEMS業者が行ないます。しかし、最近問題になっているのは、新興国、途上国での児童就業の問題です。製造現場に安価な労働力として児童が駆り出されることが社会問題となっています。実際、多くの欧米メーカーが児童労働を理由にアウトソーシングを取りやめています。

 いくら安いからといって、基本的な人権が守られていないような労働状態の企業にアウトソーシングをするわけにはいきません。もし、このような企業にアウトソーシングしていた場合、「知らなかった」ではすまなくなります。日本企業も、海外に製造アウトソーシングする際は、アウトソーサー側の労働環境には注意を払わなければなりません。

◆セキュリティーの問題をクリアしておく

 EMSには、時に戦略的な製品の情報がかなり早い段階で知らされることがあります。企業にとって死命を制するような機密情報が開示されるので、EMSのセキュリティーレベルもきちんとチェックしておきます。

8 調達の外部委託は直接材と間接材で別々に発展

直接材は委託が進みにくいが
間接材は大きく広がる可能性がある

◆ 直接材の調達アウトソーシングは限定的

　直接材とは、製造に使われる原材料や部品のことです。直接材は設計や試作に関係するため、調達をアウトソーシングすることが困難な分野です。

　ただし、汎用的な原材料や部品は可能性があります。差別化に関係がなく、どこでも手に入る原材料や部品は、調達アウトソーサーが一括で調達することで、ボリュームディスカウントが利く可能性があります。また、ある場所では余っているものを他の場所に売る裁定取引の役割もできるでしょう。

　とはいうものの、やはり製造に関わる調達は、単にコストだけでなく、品質や納期も重視されるため、アウトソーシングは進みにくい分野です。しかし、視点を変えてみると、調達のアウトソーシングが実際に行なわれている場合があります。

　たとえば、部品商社は調達のアウトソーシングをしていると考えられないでしょうか。企業が部品ごとにサプライヤーから調達をしていると、サプライヤーごとに与信調査を行ない、取引口座を開かなければならず、管理が大変になります。そこで、間に部品商社を挟むことで、サプライヤーを取りまとめる機能を担ってもらい、口座数を減らすことができるのです。しかも、取引のリスクも部品商社が一部受け持つので、リスク分散のうえでも助かります。

　また、一時注目されたネットを使った「マーケットプレイス」も調達

留意点チェックリスト──直接材のアウトソーシング

Yes

① アウトソーシングができる直接材か？ ☐
② アウトソーシングすることでコストが下がるか？ ☐
③ アウトソーシングすることで納期が短くなるか？ ☐
④ アウトソーシングしても品質は保てるか？ ☐
⑤ アウトソーサーは欠品をしないか？ ☐
⑥ アウトソーシングで一括発注ができるか？ ☐
⑦ アウトソーサーの決済サイトは長いか？ ☐
⑧ サプライヤーの与信確認をしてくれるか？ ☐
⑨ アウトソーサーは新規部品の提案をしてくれるか？ ☐
⑩ アウトソーサーは部品の生産中止をすぐ教えてくれるか？ ☐
⑪ アウトソーサーは品質不良をすぐ教えてくれるか？ ☐
⑫ アウトソーサー自身がサプライヤーの改善を指導するか？ ☐
⑬ アウトソーサーの品ぞろえは豊富か？ ☐
⑭ アウトソーサーのシステムは使えるか？ ☐

第4章　自社に合わせて機能別にカスタマイズする

ここが重要
直接材分野では、汎用の原材料や部品などがアウトソーシングできる部品商社なども、見方によってはアウトソーサーとみることができる

のアウトソーシングと考えられなくもありません。マーケットプレイスとは、取引の仮想市場で、調達の仕組みをネット上につくり上げることで、ビジネスを成立させるビジネスモデルです。

　サプライヤー検索、見積もり、オークション、発注、決済などの取引の仕組みをつくるという意味で、取引のアウトソーシングをしているとも考えられます。

　ネット上のマーケットプレイスは、別名e-マーケットプレイスとも呼ばれます。多くの企業が参入しているので、ネットで検索して、役立ちそうなところを利用する手もあるでしょう。

◆今後の進展が期待される間接購買のアウトソーシング

　間接材とは、企業が調達する直接材以外の物品、サービスの総称です。間接材の購買は間接購買と呼ばれたり、一般購買と呼ばれたりします。直接材に比べて、間接材は競争力に関係がないため、アウトソーシングの一大領域になる可能性があります。

　文具や什器などのオフィスサプライは、各オフィスに散在し、発注と在庫管理の手間がかかります。在庫が切れると総務部門に購入依頼をしますが、なかなか届かなかったり、慣行で市中より高い値段で買っていることが多々見受けられます。

　こうした手間を省き、迅速に調達するために、ネット販売が主流になりつつあります。さらに、ネットでの調達代行やネット主体の販売業者が登場してきています。また、大企業であれば、総務部門の代わりにオフィスサプライの在庫管理も代行し、必要な物品を補充する業務を請け負う企業も出てきています。購入するのは汎用品ですから、コストが安く、納期に関しても信頼できるアウトソーサーを選定すれば十分です。

　最近の新しい例では、経営危機に陥っている病院の医療材料、副資材の購買代行があります。院内物流と呼ばれる業務をアウトソーシングによって肩代わりし、医療材料や副資材を管理して調達代行を行なうアウトソーサーが登場し、在庫管理の効率化、価格の透明性と低コストの追求、看護師を管理業務から解放して医療へ集中させるなどの効果を生み始めています。

　間接材には、旅行チケットの購入もあります。大企業では、自社グループに旅行代理店をもつ場合もあります。出張でのチケット取得、ホテル予約などをアウトソーシングします。この場合は、チケットを確保する力などを重視してアウトソーサーを選定します。

　このほか、間接材には印刷物、消耗品、警備保障サービス、人材派遣サービス、パソコン等のOA機器、レンタカーなどありとあらゆる品目やサービスがあります。こうした品目やサービスには調達代行の可能性

留意点チェックリスト──間接材のアウトソーシング

Yes
①アウトソーシングができる間接材か？　☐
②アウトソーシングすることでコストが下がるか？　☐
③アウトソーシングすることで納期が短くなるか？　☐
④アウトソーシングしても品質は保てるか？　☐
⑤アウトソーサーは欠品をしないか？　☐
⑥アウトソーシングで一括発注ができるか？　☐
⑦アウトソーサーの決済サイトは長いか？　☐
⑧アウトソーサーの品ぞろえは豊富か？　☐
⑨アウトソーサーのシステムは使えるか？　☐

ここが重要　間接材は付加価値がないわりに管理に手間がかかる。コストダウン、効率化のためには積極的にアウトソーシングしたい領域

がありますが、いまだ整備されていません。間接材は、付加価値がないにもかかわらず手間がかかる業務領域です。今後アウトソーシングが進展するでしょう。

　間接材には、直接材と同様に、ネット上のe-マーケットプレイスがつくられています。多くの企業が参入しているので、ネットで検索して、役立ちそうなところを利用する手もあるでしょう。また、一部の間接材では、オフィスサプライや書籍、旅行手配などで専業の業者もいます。調達代行というよりも、業務そのものを外部化して、企業内リソースでいちいちまとめ発注をしない、間接購買BPRも可能になってきます。

　間接材は本業とは関係のない付加価値の低いものですが、購買には手間がかかり、本業を圧迫されたり、間接要員も必要です。アウトソーシングでコストダウン、効率化を目指すべき領域のひとつです。

第4章　自社に合わせて機能別にカスタマイズする

9 売る機能をアウトソーシングで活性化する

単純な営業代行のほかコールセンターや
ネットなどの活用もある

◆売る力を外部調達する

モノを売ることこそ企業のコアであるとの認識が一般的に強くあるため、営業をアウトソーシングするという意識は、あまりないかもしれません。

しかし、新規立ち上げの製品であったり、急な拡販の実施で自社社員だけでは人員が不足する場合に、販売代行としてアウトソーシングを使うことがあります。実例としてシャープのコピー機販売のアウトソーシングで請け負った光通信があります。

◆コールセンターをセールス活動に積極的に活用する

コールセンターをアウトソーシングして、積極的な電話セールスが行なわれる場合があります。

通常コールセンターは問い合わせなどを受ける形で、受け身のインバウンドコールを主要な仕事とします。

これに対して、コールセンター側から販促としてかける電話をアウトバウンドコールといいます。要は顧客名簿をもとに、既存顧客セールスをするので、アウトバウンドコールは積極的なセールス活動です。

最近では自社社員が電話セールスを嫌がるケースもあるので、アウトソーシング先のコールセンターにアウトバウンドコール型のセールス活動を委託する企業も増えています。

留意点チェックリスト──営業代行のアウトソーシング

Yes
- ①売る力はあるか？　□
- ②同じような業界での経験はあるか？　□
- ③業界へのチャネルは豊富か？　□
- ④業界での評判はどうか？　□
- ⑤評判を落とすような売り方は避けているか？　□
- ⑥与信は大丈夫か？　□
- ⑦不透明な販売を行なっていないか？　□
- ⑧リベート依存の体質になっていないか？　□
- ⑨社員の平均年齢は自社製品販売に適しているか？　□
- ⑩社員の勤続年数は長いか？　□

ここが重要　営業代行のアウトソーシングをする場合、いくら販売力が欲しいからといって、強引な売り方や不透明な売り方をするアウトソーサーは避ける

コールセンターを使ったアウトバウンドセールスをアウトソーシング

（いつもお世話になっております。今日は、新製品のご案内を……）

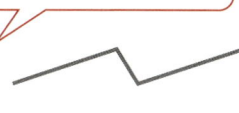

コールセンターを単なる「受け身」の業務とせず、セールスという「積極的」な位置づけでアウトソーシングする

第4章　自社に合わせて機能別にカスタマイズする

◆マーケティング代行としてのPR会社、広告代理店

マーケティングを代行する会社として、古くからPR会社、広告代理店があります。自ら販促プロモーションを実施しようとしたり、プレスリリースを出そうとしたりしても、なかなかうまくいかないものです。

新たな広告チャネルを開拓したり、広告媒体を見つけたりするのも大変です。こうした部分は、PR会社、広告代理店にアウトソーシングします。

ただし、PR会社や広告代理店も大手から中小までピンからキリまであります。仕事の品質、もっている人脈やチャネル、納期、コストなどを検証して、慎重に選定しましょう。PR会社、広告代理店はステップ⑦の「アウトソーサーを選定する」というプロセスが最も重要です。

◆ネットでの販売の梃子となるアフィリエイト

最近ではネット経由で販売されることも少なくありません。ただ、自社ホームページで販売するだけでは、アクセスを稼ぐだけでも大変で、なかなか販売も増えません。

そこで登場したのが、アフィリエイトという考え方です。アフィリエイトとは、アフィリエイトを請け負うホームページやメーリングリストで製品を紹介してもらうことで自社のホームページに誘導してもらい、販売に結びついたら販売手数料を支払うネット上のマーケティング代行のビジネスモデルです。

アフィリエイトでは、販売手数料を手にしたいアフィリエイターと広告主側となる企業を仲立ちするアフィリエイトサービス会社があります。

アフィリエイターは選べませんが、アフィリエイトサービス会社は選べます。この場合のアフィリエイトサービス会社がアウトソーサーとなりますが、やはり、ステップ⑦の「アウトソーサーを選定する」というプロセスが最も重要です。

留意点チェックリスト――マーケティングのアウトソーシング

Yes
- ①マーケティングの効果は高いか？ ☐
- ②マーケティングの品質は高いか？ ☐
- ③いくつものマーケティングチャネルをもっているか？ ☐
- ④同じような業界での経験はあるか？ ☐
- ⑤業界へのチャネルは豊富か？ ☐
- ⑥業界での評判はどうか？ ☐
- ⑦評判を落とすようなマーケティングは避けているか？ ☐
- ⑧イメージ先行にはなっていないか？ ☐

ここが重要　マーケティングでは、実績と実力を重視する。たとえば、プレスリリースをしたとしても、単なる作業代行ではなく、どれくらいメディアに取り上げられる力があるかなどの点をチェックする

アフィリエイトの仕組みはこうなっている

企業 →（広告・商品説明・商品写真など）→ アフィリエイトサービス会社（アウトソーサー）→（広告・商品説明・商品写真など）→ 各サイト →（広告・商品説明・商品写真など）→ お客様

広告料 ← 成功報酬 ←

サイトのリンクをクリックして購入

第4章　自社に合わせて機能別にカスタマイズする

10 最も進んでいる物流分野のアウトソーシング

倉庫、荷役、輸送を一括で委託する
3PLが一般化しつつある

◆物流アウトソーシングは一般的に行なわれてきた

　昔から物流のアウトソーシングは行なわれてきました。輸送を自社で行なわず、外注化している企業は非常に多くあります。物流には、主に、倉庫管理、荷役作業、輸送の3つの分野があります。これらすべてがアウトソーシング対象です。

　いままでは、倉庫は倉庫業者、荷役は荷役業者、輸送は輸送業者となっていましたが、近年、物流業務は単機能ではなく、全体的にシームレスであることを要求され始めており、3PL（3rd. Party Logistics：サード・パーティー・ロジスティクス）が一般化してきています。

◆3PLへの一括委託を活用する

　3PLとは、倉庫などでの保管業務、荷役業務、輸送業務を一括で請け負うアウトソーサーです。3PLの場合、倉庫や荷役設備を委託側企業がもつアセット型とそうした設備を一切もたず、3PL側から調達するノンアセット型があります。

　アセット型の場合、設備の保守等の責任は委託側企業にあるため、きちんとした設備管理が求められます。一方、ノンアセット型の場合は3PL業者側に設備管理の責任があるため、委託側企業はより身軽になります。状況変化によって、倉庫拠点をフレキシブルに変えられるという点で、ノンアセット型でフルアウトソーシングできるほうがより戦略的

留意点チェックリスト──物流分野のアウトソーシング

Yes

① サービス品質は高いか？　☐
② 納期はきちんと守るか？　☐
③ 作業品質は高いか？　☐
④ 作業者、ドライバーのしつけはきちんとされているか？　☐
⑤ 教育は行き届いているか？　☐
⑥ 報告すべき指標は定義されているか？　☐
⑦ 定期的に作業報告をしてくるか？　☐
⑧ 改善提案を行なうか？　☐
⑨ シームレスな物流連携が行なえるか？　☐
⑩ 輸出入の知識は豊富か？　☐
⑪ 最新の物流サービスを知っているか？　☐
⑫ 環境に配慮しているか？　☐
⑬ リサイクルの体制はあるか？　☐
⑭ コストは妥当か？　☐
⑮ コストダウンには応じてくれるか？　☐
⑯ コンプライアンスの体制はしっかりしているか？　☐
⑰ 荷物の追跡システムはあるか？　☐

第4章　自社に合わせて機能別にカスタマイズする

ここが重要　物流のアウトソーシングは昔から行なわれてきた。しかし、そのせいか、一部のアウトソーサーは進歩が遅れている。物流分野は相当進歩しているので、アウトソーサーの検討が重要となる

な振る舞いができると思われます。また、物流企業と共同会社を設立して、自社設備や人員をその会社に移す、BPO（➡56ページ）型も一般化しています。

いずれの場合も、倉庫管理や荷役、輸送は人が行なう作業です。実は、3PL業者といえども、意外と人の教育が行き届いていなかったり、作業品質に注意が回らなかったりすることが見受けられます。

3PLを採用するときは、ステップ⑦の「アウトソーサーを選定する」際に、きちんと業務レベルを推し量ります。また、ステップ⑧の「アウトソーシング契約」の段階では、きちんとサービスレベルを合意します。作業時間や誤出荷率や遅延率などの作業品質での管理指標を設定し、ステップ⑩の「アウトソーサーの管理方法の設定」で、きちんと毎月報告してもらうように定め、必要に応じて改善していきます。

3PLは物流の一括アウトソーシングですが、モノを運ぶということは、お客様に届けるという点で顧客満足に影響する業務機能です。任せっぱなしにせず、きちんと3PL業者をマネージしなければなりません。

◆環境に配慮したアウトソーサーを選ぶ

最近の物流領域では、「環境」が重要なキーワードになってきています。とくに輸送は、地球温暖化の原因といわれる温室効果ガスを大量に発生する業務です。輸送そのものを、いかに効率的に行ない、温室効果ガスを減らすことが企業の責務になっています。

そうした時代の要請も踏まえて、物流アウトソーシングをする際は、アウトソーサーと連携して温室効果ガス削減に貢献する体制を築くべきです。たとえば、運行回数の削減や積載効率の向上、再利用可能な容器の活用、帰り便の活用などの方法が検討できるでしょう。

また、共同輸送を荷主側（委託側企業）が合意すれば、複数荷主の荷物を混載することで積載効率を上げ、便数を減らすことで効率化する方法もあります。3PL業者がこうした共同輸配送の音頭を取ることで、実現することもあります。企業としては、販売上の競合状態を超えて、物

流分野では協調をとる流れが出てきているのです。

　輸送方法も複数の提案がされています。空輸を海上輸送に切り替えたり、陸送に替えたりするモーダルシフト、トラック便をそのまま貨物列車や船に載せるロールオン・ロールオーバー方式などの提案で、コストダウンしながら、サービスレベルを下げず、かつ環境にもやさしい輸送を提案してきたりしています。

　梱包形態も通い箱形式を導入、パレット回収を積極的に行ない、包蔵資材をムダにしない、あるいは環境にやさしい梱包材料の提案をするなど、積極的なアウトソーサーと組んでいきましょう。

◆アウトソーサーがSCMの「失われた輪」を埋める

　多くの委託側企業が困っていることのひとつが、自社から出荷すると荷物がどこにあって、いつ客先に到着するのか見えなくなることです。荷物が見えなくなるため、納期回答ができず、急いでいる顧客からの問い合わせにも対応できないのが常でした。

　しかし、いまでは物流業者側で貨物追跡システムをもっています。物流業者側のシステムを使うことで、貨物追跡をアウトソーシングできれば、委託企業側のSCM（Supply Chain Management：資材調達から製品配送までを一括して管理する手法）の「失われた輪」がつながれ、顧客サービスが向上します。

　この貨物追跡システムと組み合わせれば、出荷軌跡の追跡が可能になります。もし、製品に瑕疵が発見されたとき、いったいどこで瑕疵が発生したのかトレース（追跡）ができます。物流プロセスも組み込んだトレーサビリティーの仕組みが完成するのです。

　たとえば、食料品が腐敗していたとしましょう。腐敗は、輸送過程で起きたのか、製造過程か、原材料の問題かといった具合に、トレースバックできるのです。問題の発生を特定するにあたって、「失われた輪」が埋まるわけです。委託側企業としては、アウトソーサーの貨物追跡システムを積極的に活用すべきです。

11

ITアウトソーシングには新しい波が押し寄せている

■ IT分野ではインフラとアプリケーションの
分離委託などが進展している

◆システム設計・開発の外注では要件定義に注意

　アウトソーシングが最も一般的に行なわれているのがITの世界です。設計・開発を外注に出すのは普通のことですが、多くのプロジェクトでこうしたプロジェクトは失敗に直面しています。

　原因の主なものは、あいまいな要件定義です。要件があいまいだから、それ以降の設計が混乱し、結局中途半端な設計のまま開発に突入して、きちんと動かない状態やユーザーが満足しないで手戻りが発生する状態が起きるのです。

　委託側企業はアウトソーサー側の責任にしたがりますが、実態としては、委託側企業の要件定義の詰めの甘さが原因です。設計をアウトソーシングする前に、要件定義をきちんと詰めきる責任は委託側企業にあるのです。その意味で、ステップ⑥の「アウトソーサー選定コンペの準備」の段階以前に、要件定義を確定させ、しっかりとしたRFP（提案依頼書）を作成し終えておくことが肝要です。

◆ハードウエア、インフラのIMOとアプリケーションのAMO

　開発が終了したら、運用が開始されます。システム運用もアウトソーシングされます。汎用機の時代はコンピュータ機器であるハードウエア、ネットワークなどのインフラも、その上で動くアプリケーションも一括でアウトソーシングされていました。

インフラの IMO とアプリケーションの AMO

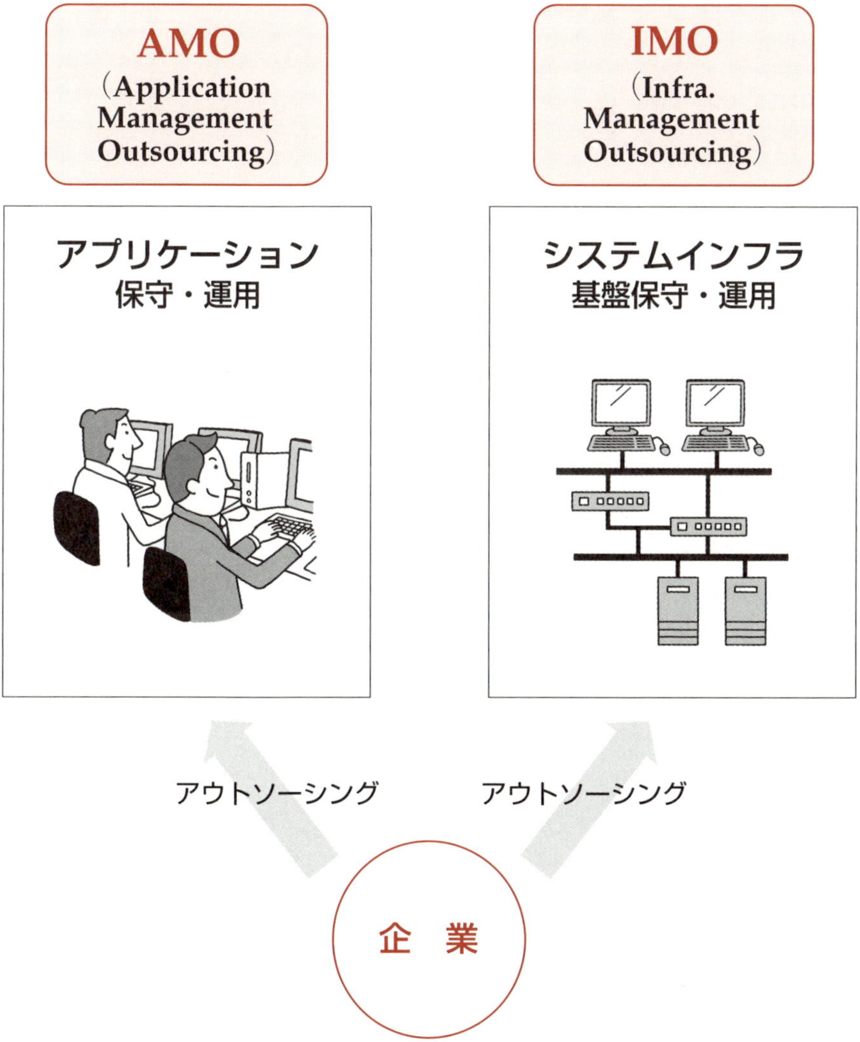

AMO
(Application Management Outsourcing)

アプリケーション
保守・運用

IMO
(Infra. Management Outsourcing)

システムインフラ
基盤保守・運用

アウトソーシング　アウトソーシング

企　業

第4章　自社に合わせて機能別にカスタマイズする

> ITのアウトソーシングでは、アプリケーション保守・運用のAMOとシステムインフラ基盤保守・運用のIMOに分化してきている

ところが、最近では、オープン化の波を受けて、インフラはオープンな機器で構築され、アプリケーションもパッケージが主流になってきました。こうなると、汎用機メーカーが運用を独占することが困難になり、機器に左右されないアウトソーサーが登場しました。

さらに、オープンなインフラ、パッケージの組み合わせから、それぞれの役割を分離して、インフラだけをアウトソーシングで請け負うIMO(Infra. Management Outsourcing)とアプリケーション運用を請け負うAMO(Application Management Outsourcing)という機能分化が発生しました。

IMOとAMOはそれぞれインフラの専門家とアプリケーションの専門家の組み合わせです。システム運用が流動化して、いままでのように付き合いの長い会社に好きなようにされてしまうこともなくなり、委託側企業が最適な組み合わせで選定できる利点がありますが、それだけ企業側に選択する能力が求められるようになってきます。

また、大企業であれば、インフラの運用やアプリケーションの運用を自社の情報システム部で行なっていることも多くみられます。この場合、情報システム部を分社化してアウトソーサーにしていく手もありますが、既存のIMO業者やAMO業者に組織ごと譲って、BPOを行なったり、合弁会社を設立したりすることも頻繁に起きるようになっています。

◆ ASPやSaaSからクラウド・コンピューティングへ

ITの世界ではさまざまな進化が起きています。最近では、開発さえも行なわず、出来合いのシステムを利用するだけのASP（Application Service Provider）や使用した分だけ課金するSaaS（Software as a Service）を手がける業者も登場しています。

インフラもアプリケーションももたずに、使用した分だけ支払い、一切のIT資産をもたない究極的な方法です。こうしたコンセプトを「クラウド・コンピューティング」と呼んで、ユーザーが一切システムインフラを意識せずに、ネットにつながった環境で自由に使える形になると

留意点チェックリスト ―― IT のアウトソーシング

Yes
- ①サービス品質は高いか？ ☐
- ②障害復旧の回復時間はきちんと守るか？ ☐
- ③作業品質は高いか？ ☐
- ④セキュリティーは万全か？ ☐
- ⑤教育は行き届いているか？ ☐
- ⑥報告すべき指標は定義されているか？ ☐
- ⑦定期的に作業報告をしてくるか？ ☐
- ⑧改善提案を行なうか？ ☐
- ⑨システムの知識は豊富か？ ☐
- ⑩最新のシステム技術を知っているか？ ☐
- ⑪問い合わせにはすぐに答えてくれるか？ ☐
- ⑫コストは妥当か？ ☐
- ⑬コストの算定根拠・計算内容は開示されているか？ ☐
- ⑭環境に配慮した IT を提案してくれるか？ ☐

ここが重要　IT は放っておくと、低品質・高コストになる。常にアウトソーサーのQ（品質）、C（コスト）、D（対応スピード）を検証し、企業競争力に寄与する体制を維持する

第4章　自社に合わせて機能別にカスタマイズする

いわれ始めています。このような例は、アウトソーシングの究極の形かもしれません。

ただし、ASP や SaaS は企業の競争力とは無関係の標準化した分野でしか活用できません。そうした意味では、競争優位に貢献するのではなく、競争劣位な状態を標準レベルまで底上げしてくれるアウトソーシング形式と考えられるでしょう。

◆ IT では委託側企業にアウトソーサー管理の力が必要

システムが企業の競争力を高めるのではなく、システムを使う人間が競争力の源泉であるというのが、本来の姿かもしれません。システムは道具であるからこそ、それ自体が付加価値を生むわけではなく、どう使いこなすかを真剣に考え、実際に使う側の人間の問題として、IT アウトソーシングのあるべき姿が、今後も問われることでしょう。

属人化が嫌われ、なんでもシステムで行なおうとする時代は過ぎました。システムを道具として使いこなし、付加価値は人間が付けていく時代です。そうした時代に、いつまでも道具を自社の貴重な人材で「お守り」し続けることに意味があるでしょうか。

もちろん、業務プロセスの一部をシステムが担うため、アウトソーシングする際は、コストに見合うか、意思決定を歪められるまでにアウトソーシングしていないか、セキュリティーは万全かなど委託側企業が気をつけるべきこともあります。IT に関しては、アウトソーサーを管理する力が委託側企業に必要なのでしょう。

第5章

ここを押さえて成功を確実化する

1 アウトソーサーが必ずしも レベルが高いとはかぎらない

■ アウトソーサーのレベルが低ければ
教育や値下げ要請をする

◆アウトソーサーが自社よりレベルが低いこともある

　第4章で、あらゆる業務機能がアウトソーシングできることと機能単位での留意点を紹介しました。第5章では、アウトソーシングを成功させるために共通する留意点を紹介します。アウトソーシングの際によく出合う問題への対処法です。

　まず、アウトソーシングを実施しようとした際、あるいは契約した後に、アウトソーサーの業務品質レベルが委託側企業である自社より低いという問題が発生することがあります。

　アウトソーシングでは、業務品質を維持するか、あるいはより高められたうえで、コストダウンすることがねらわれます。そうでない場合、いくらコストが安くなったからといって、満足できる企業はないでしょう。

　こういう場合は、アウトソーサーにきちんと再教育を依頼します。また、あまりに問題があるアウトソーサー側のメンバーは替えてもらいます。もし、アウトソーシング契約を通じてアウトソーサー側のメンバーの教育をしようとしているのであれば、その分の委託料は値下げしてもらうべきです。

　また、当初合意したサービスレベルが達成されない場合は、契約の解除をするとともに、損害賠償という手段をとることになります。

🚫 アウトソーサーのレベルが低いときの対処

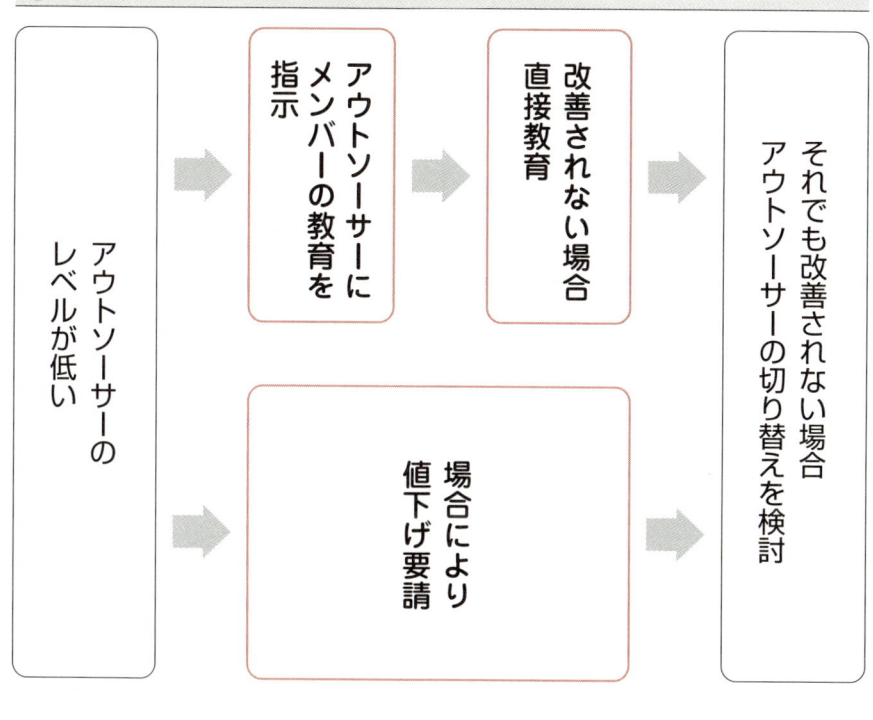

アウトソーサーのレベルが低い → アウトソーサーにメンバーの教育を指示 → 直接教育 改善されない場合 → それでも改善されない場合アウトソーサーの切り替えを検討

→ 場合により値下げ要請

◆アウトソーサーの教育も検討する

　しかし、せっかく時間をかけて選定し、業務の引き継ぎを行なったアウトソーサーですから、できれば決別ではなく、協力して改善にあたりたいものです。

　もし、アウトソーサー側での教育に不備があるのであれば、委託側企業で教育をすることも検討します。もう一度アウトソーサーをスイッチするコストに比べれば、まだ安上がりかもしれないですし、その間の時間の経過や経験も、もったいないからです。

　ただし、再教育の費用等はアウトソーサーに請求します。本来達成したいサービスレベルが合意されてスタートしたはずなので、教育費用として堂々と請求するなり、委託料の減額を伝えるなりしましょう。

2 過度に依存すると経営判断の制約を招く

■ 意思決定まで依存して失敗しても
　アウトソーサーは責任を負わない

◆アウトソーシングが制約になる場合もある

　企業を身軽にしてコアビジネスに集中し、柔軟かつスピーディーに変化に対応できる余地をもつことが、アウトソーシングの本来の目的ですが、あまりにアウトソーサーに依存してしまうと、経営判断を制約する事態も起きかねません。アウトソーシングが足かせになって、選択肢がつぶれてしまうことが起きるかもしれないのです。

　ある企業で、長年懸案だったグローバルでの販売計画と実績の対比や、在庫計画と実績の対比を可視化したいというプロジェクトが立ち上がりました。その分野で優れたコンサルタントと優れたシステムをもつベンダー（供給会社）とプロジェクト内容を検討し、いざ発注となった段階で、社長から待ったがかかりました。

　実は、社長を動かして待ったをかけさせたのは、その企業と合弁でITのアウトソーシング企業を設立した企業の社長でした。運用をすべて握っている企業としては、他社にシステム開発が流れるのが許せなかったらしく「うちを使ってくれ」「わかった」というトップどうしのやり取りで、優れたコンサルタントもベンダーも追い出されてしまいました。

　結果的には、たいしたシステムもできなければ、改革も進まず、いつもどおりの中途半端なプロジェクトで終わりました。

　確かにシステム運用をすべてアウトソーシングしているため、システム開発では既存アウトソーサーとの連携は必要です。しかし、戦略的なシステム導入をこうした「しがらみ」で判断するようでは、採用できる

⊘ アウトソーサーに依存しすぎるリスク

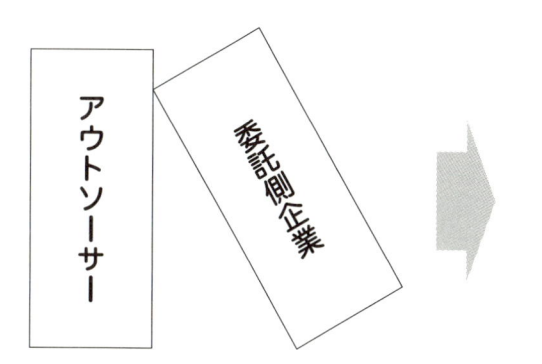

```
┌─────────┐
│ アウトソ │  ┌─────────┐      ┌──────────────┐
│ ーサー   │  │ 委託側   │  ⇒  │ アウトソーサーに │
│         │  │ 企業     │      │ 依存しすぎると、│
│         │  │         │      │ アウトソーサーなし │
│         │  └─────────┘      │ に経営判断ができな │
└─────────┘                    │ くなってしまう     │
                               └──────────────┘
```

⬇

┌──────────────────────────────────┐
│ アウトソーサーに依存しすぎると   │
│ 自由な経営判断に支障をきたすことがある │
└──────────────────────────────────┘

方策もレベルも限られたものになります。

　ここにアウトソーシングのジレンマがあります。できるだけ身軽になりたいとのことでアウトソーシングした結果、アウトソーサーに依存することになり、戦略的な意思決定ができなくなるのです。アウトソーサーの言いなりになっては本末転倒です。アウトソーシングが意思決定の制約にならないように、自由に意思決定できる体制にするためには、どこで線を引くべきかむずかしい問題です。

◆企業の意思決定までアウトソーシングしないこと

　アウトソーシングの対象は、自社にとって付加価値の少ない業務であることが基本です。しかし、作業でさえ、アウトソーサーに依存しすぎると制約を受けるおそれがあるのです。

ましてや、本来自社で意思決定すべきことまでアウトソーシングしてしまう例も見受けられます。それが、戦略構想のアウトソーシングです。

外資系企業によく見られますが、戦略コンサルタントを雇って、戦略を練らせるのですが、その際、社内の人材を差し置いてコンサルタントを重用する経営者がいます。自社の意思決定まで依存してしまい、社員がロボット化してしまうことさえあります。企業の意思決定までアウトソーシングしてはいけない例です。

◆膨大なムダな作業で価値のない分析が行なわれた事例

私が直接見た例です。ある外資系企業が戦略コンサルティング会社に自社の分析を依頼しました。社長が替わり、今後の自社戦略を立てるために知恵を借りようと分析と戦略立案をアウトソーシングしたのです。自社の社員を活用するのではなく、いつものように外部に頼ったのです。

戦略コンサルティング会社からは、大挙して人がやってきました。なかには新卒の若手もいました。

若手のコンサルタントが製造部門にインタビューをしました。部品在庫が多いようなので、その原因を聞きたいといった趣旨です。必要数以上に部品を買っているのではないかというのがコンサルタントの仮説だそうです。方法として、必要数を計算してみるので、生産数と部品の納入リードタイム（発注から納入までにかかる時間）を教えてほしいとのことでした。

さて、この会社ではMRP（Material Requirements Planning：資材所要量計画）を活用しています。MRPとは、システムで部品の必要数を計算する仕組みで、生産数と納入リードタイムから必要数を計算しています。生産管理部長が言いました。「なぜ、MRPがあるのに、MRPと同じことを手計算するのか？ まず現状が知りたいならMRPのロジックから聞くべきではないのか。あるいは、MRPだけでなく、その周りの業務との関連を調べるべきではないか」

若手コンサルタントはプライドが高いのか、とにかくデータを出せの

一点張りです。それから数週間分析が続き、結局「在庫が多い」との結論を導いただけで、解決策は生まれませんでした。こうしたことがあちこちで起きていました。データ分析と称して、若手が膨大な作業をして、価値のない分析が蓄積されていきました。

一方、解決策を考えるときも議論が噴出しました。「在庫を減らすために、販売から生産まで週のサイクルで業務をすべきだ」というのがコンサルタントの主張です。しかし、各方面から大反対が起きました。

まず営業からは、「毎週販売計画を変えられない。とくに海外販社はそういう体制ではない」との反論が出ました。物流部門からは、「輸送量を考慮すれば、海外への輸送が月1回しかできない。毎週輸送できないのに、業務だけ週なのか。コストも上がり、効果がない」との反論です。また、工場からは、「生産方式を週次化するのは大変だ。まず、業務の整備が先で、業務のインフラができないうちに業務プロセスだけ週次化しても、無意味だ」との反論がありました。

コンサルタントは「ゼロベースで変えなければならない」の一点張りです。社長はコンサルタントの意見をとり、意思決定してしまいました。社長とコンルタントだけで意思決定したのです。

◆契約が終わればアウトソーサーは責任を負ってくれない

この企業の業務は大混乱を始め、大きな打撃を被りました。週次化できるだけの体制準備もせず、机上で考えた「あるべき論」を手順も考えずにむりやり導入した結果です。コンサルタントは契約終了を理由に逃げ出し、この企業は、いま自主再建中です。

コンサルタントは契約が終われば責任を負いません。経営上の重大事項を担うのは経営陣であり、社員です。実行責任を伴う者が意思決定から外され、見当はずれの案が採用されることのなんと多いことでしょうか。企画や戦略がアウトソーシングされるのは、知恵を借りるということでは悪くありませんが、現場を無視して、コンサルタントを意思決定に絡ませ、机上の論を採用しては、企業を傷めてしまいます。

3 コアコンピタンスの喪失に注意する

■ 3つの質問でチェックしながら
■ 自社のコアコンピタンスを守る

◆ 気がつくと企業の強みがなくなっていることもある

　アウトソーシングは非常に便利な経営改革のツールです。自社のビジネスの機能のなかで、付加価値のないものを外部化して身軽にし、自社のリソースは自社が最も差別化できる強みに集中することができるからです。

　中小企業は、設立当初からアウトソーシングを活用し続けるでしょうし、大企業も積極的に活用しています。しかし、他社との差別化になる自社のコアをきちんと押さえておかないと、いったい何をしている企業かわからなくなることがあります。

　こういうことは、立ち上げて間もないベンチャー企業に起きがちです。確かに自社のリソースでは、圧倒的に不足しているために、あらゆる業務機能をアウトソーシングしてしまうことがあります。いざ振り返ってみると、自社の強みがいったいなんだったのかがわからないようなベンチャー企業がたくさん存在します。

　同じような傾向が、中小企業や大企業にも出始めています。気がついたら自社の強みがあいまいになってしまって、他社と比較しても特徴のない企業となる危険性を、どの企業ももっているのです。アウトソーシングは有効な手段ですが、あまりに外部化して自社のコアを失わないようにしないといけません。

　しかし、実際にはアウトソーシングをしすぎて特徴のない会社になってしまう例がたくさんあります。自社のコアは何かという検討が行なわ

⊘ アウトソーシングしすぎるとなんの会社かわからなくなる

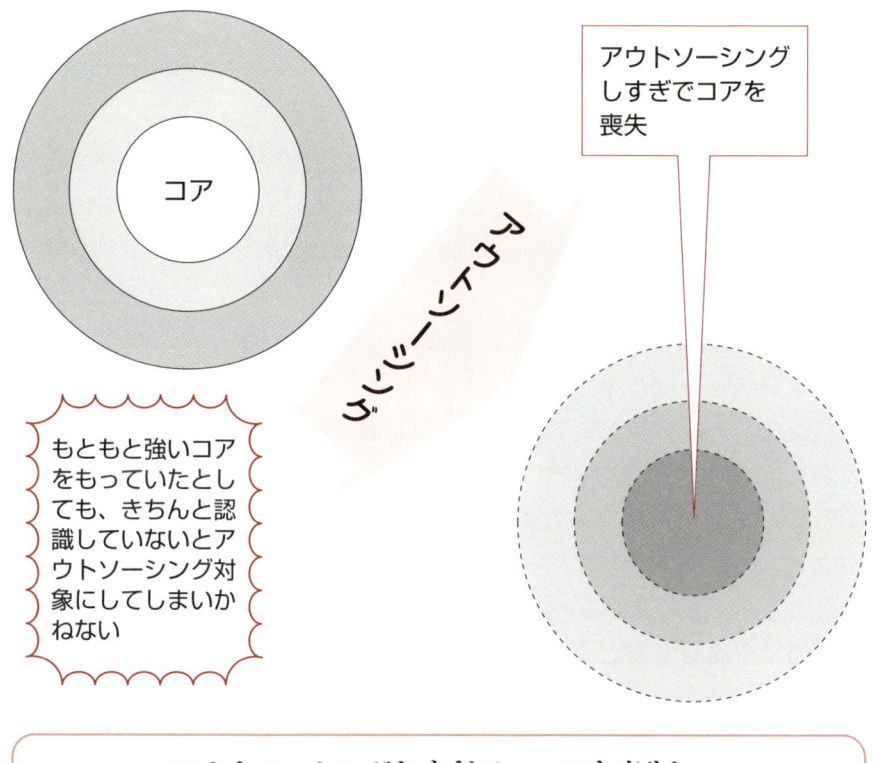

コア

アウトソーシング

アウトソーシングしすぎでコアを喪失

もともと強いコアをもっていたとしても、きちんと認識していないとアウトソーシング対象にしてしまいかねない

アウトソーシングしすぎて、コアを喪失し、いったいなんの会社なのかわからなくなる

第5章 ここを押さえて成功を確実化する

れていないことが多いからです。

　少なくとも、一度は競争力となる自社のコアはいったい何かを考えてみる必要があります。とくに、売上げや利益などのお金で換算できる目標ばかりを短期的に追ってしまうとコアを忘れる危険があります。

　結果でしかない売上げや利益ばかりに企業のあり方を左右されずに、自社が最も差別化できる強みは何かをきちんと把握し、リソースを集中すべきです。強みとなるコアは決してアウトソーシングしてはなりません。

◆コア喪失でパソコンの盟主の座から滑り落ちたIBM

　自社の強みとなるコアコンピタンスをアウトソーシングしてしまい、競争力をなくしてしまった典型的な実例があります。

　古典的な例ですが、IBMのパソコンであるPC-AT互換機が教訓を残してくれています。IBMは、汎用機（大型コンピュータ）で圧倒的な強さを誇っていましたが、パソコンではアップルのマッキントッシュに一歩先んじられていました。

　このときIBMの経営陣がとった戦略は、コンピュータのコアとなるオペレーティング・システム（OS）をマイクロソフトに、中央演算装置（CPU）をインテルにアウトソーシングしました。従来の一貫生産を放棄したのです。そのうえ、PC-AT互換機としてパソコンの仕様も公開しました。おかげで、たくさんのソフトもつくられ、IBMは一時期パソコンのシェアでナンバーワンになったのです。

　ところが、その後コンパックやデルなどの競合会社が出現し、あっという間に市場を席巻しました。OSはマイクロソフトに、CPUはインテルに依存したため、IBMはパソコンのエクセレントカンパニーから脱落し、ついには中国のレノボにパソコン部門を売却してしまったのです。

　この例は、IBMの強みであったコンピュータの仕様を公開し、コアになる部品を他社にアウトソーシングした結果です。教訓として重要な例でしょう。

　いまではIBMはサービスに軸足を移し、再び復活を遂げています。サービスの部分はアウトソーシングせず、コンサルティング会社のプライスウォーターハウス・クーパーズを買収するなどしてアウトソーシングに頼らず、内部化（インソース化）しました。企業の強みは何かを見極め、強みはアウトソーシングせず、インソースで対応するべきなのです。

　企業のコアを守ることは重要です。自社のコアとなる強みを見極める手法は、第3章の「企業のコアビジネスを見極める」（➡62ページ）で説明しましたが、ここでは、コアとなる部分を見極めるときのポイント

を考えてみます。コアとなる強みは、以下の質問でYesと答えられる項目です。

◆3つの質問でコアを見極める

　最初の質問は「いままで稼いでくれたので、これからも稼いでくれるか？」というものです。答えがYesであれば、企業のコアとなる強みと考えられるでしょう。たとえば、ニコンのレンズ製造の技術、インテルの回路設計技術、いすゞのディーゼルエンジン製造技術、デルの直販できる顧客リレーションなどです。こうした部分は、外部化してアウトソーシングすることはできません。

　次の質問は、「それは、今後発展的にビジネスの裾野を広げてくれるか？」です。この質問への答えがYesであれば、コアとなる競争力といえます。花王の界面活性技術は次々と新製品を生み出していきます。一時のソニーのように、小型化の設計・製造技術が世界を席巻していたときもありました。こうした強みは、アウトソーシングしてしまうとイノベーションの継続性が途切れてしまいます。

　もうひとつの質問は、「唯一のゲートになっているか」という質問です。たとえば、パソコンでいえば、マイクロソフトはゲート（入り口）を握ったから強かったのです。

　この場合のゲートとは、パソコンを使う際、必ずマイクロソフト製品を使わざるを得ないことを意味します。OSしかり、ワードやエクセルのようなオフィスアプリケーションしかり、ネットへの接続としてインターネットエクスプローラーしかりです。

　いま、マイクロソフトはネットへの検索エンジンでゲートの取り合いをしています。インターネットの進展によって、ゲートの場所が移動したのです。アウトソーシングできないのです。こうした部分は、たとえば通信社の取材プロセス、書籍を書店に卸す取次ぎプロセスなど、「ゲート」となっている業務を握っているからこその強みです。こうしたコアプロセスもアウトソーシングすることは避けなければならないでしょう。

第5章　ここを押さえて成功を確実化する

4 創業者一族の企業や経営陣関係者の天下り先に注意

▌アウトソーサーに自社との人的しがらみ
▌があると正しく機能しない

◆天下り先の企業がアウトソーサーになると逆効果になる

　歴史のある大企業の場合、アウトソーシングをするにあたって注意が必要です。企業によっては、創業者一族や経営陣の天下り先がアウトソーサーとして存在することがあるのです。

　私の経験した事例では、アウトソーシング先の印刷会社が経営陣の天下り先になっていたことがあります。

　間接材調達の改革プロジェクトで、品質、コスト、納期ともに優れた印刷アウトソーサーに切り替える議論が進んでいたときに、天下りした元役員から突然クレームが入りました。結局、アウトソーサーの切り替えは頓挫し、相変わらず使いにくく、コストが高い元役員がいる会社がアウトソーシングを受託し続けることになりました。改革は頓挫したのです。

　同じようなことが、アウトソーシングしている物流会社の切り替え、販売会社の切り替えでも起きました。創業者や経営陣の天下り先がアウトソーサーになっている場合、どうしてもしがらみが生じて、公平な目でアウトソーサーの選定や切り替えができません。既得権益化したアウトソーサーは、決して改革提案などするはずもなく、売上げがあたかも自社の権利のように振る舞ってきます。

　こうなってしまうと、本来自社を強くするはずのアウトソーシングが、自社を蝕むようになってしまうのです。

　もともとアウトソーシングは企業改革を目的としています。コスト削

⊘ 天下り先アウトソーサーを使うと既得権益化しやすい

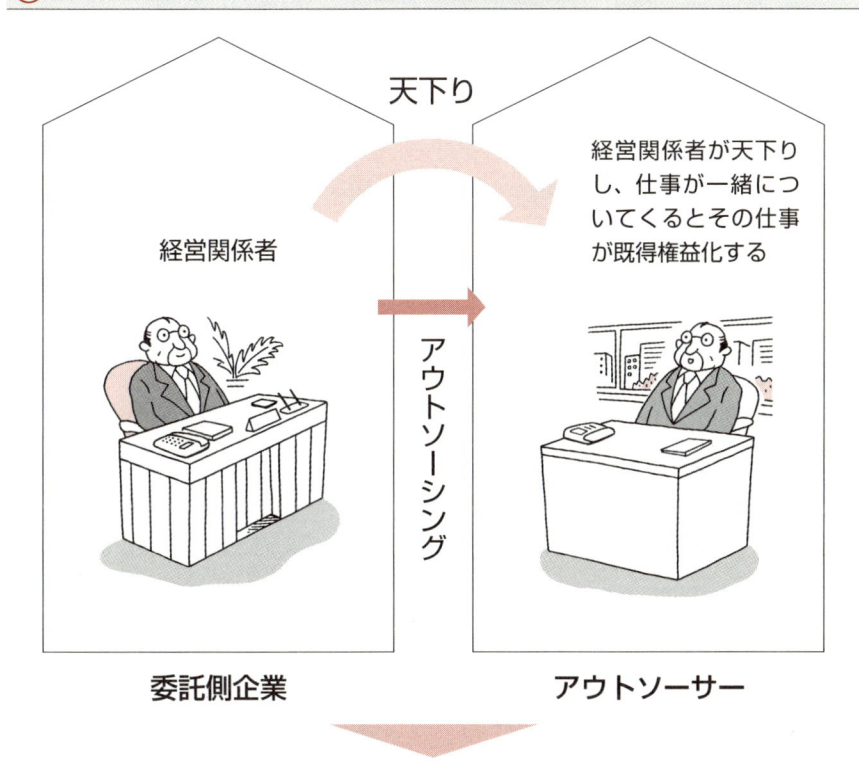

天下り

経営関係者 → アウトソーシング → 経営関係者が天下りし、仕事が一緒についてくるとその仕事が既得権益化する

委託側企業　　アウトソーサー

元経営関係者がアウトソーサーに天下りしているとアウトソーシングが既得権益化して、競争力のあるアウトソーシングがしにくくなる場合がある

減をねらって行なうべきところ、しがらみによってコスト交渉ができなくなるのは本末転倒です。場合によっては、他社よりも高い費用でアウトソーシングすることにもなりかねません。また、戦略的アウトソーシングが実現できない原因にもなります。

　こうしたアウトソーサーを入れ替えたり、改善させたりすることは非常に困難です。企業である以上、あまり情実に流されるべきではないので、委託側企業の経営陣の姿勢が問われるところです。

◆情実に流されないアウトソーサー選定をする

　情実に流されたアウトソーサー選定が行なわれていると、そもそもアウトソーシングの目的がなんだったのかが見失われていきます。目的に合わせてアウトソーサーを選定し、固定費を変動費化して身軽になると同時に、自社の経営資源を自社のコア領域に振り向けるということが本来の姿ですが、アウトソーサーが固定化され、既得権益化することによって、結局固定費化したうえに、切り替えもできない状況に陥り、かえって重荷になっていきます。

　アウトソーシングは経済合理性を追求した施策であって、それが適わないのであれば、アウトソーシングではありません。こうした情実に流されたビジネス形態は、アウトソーシングの考え方に逆行するものです。

　もちろん、情実で選んだ企業が優れたパフォーマンスを出してくれるのであれば、問題はありません。反対に、その企業が改善提案もなく、コストダウン努力もない状態で、毎年進歩のない仕事をずっと続けているのであれば、たとえ軋轢（あつれき）はあったとしても切り替えを検討すべきです。

　とくに、物流と販売の部門でのビジネス革新はすさまじく、十年一日のような仕事をしている企業に業務委託をしていると、あっという間に遅れていきます。情実に縛られないアウトソーシングで遅れを取り戻し、最高のサービスと最善のコストを獲得すべきです。

◆場合によっては資本政策での対応が必要

　かなり大がかりな話になりますが、創業者一族や経営陣が、アウトソーシングを検討している業務機能を担っている企業の株式の大半を握っている場合があります。こうした場合、アウトソーサーとして改善依頼をしても無視される場合があります。

　対策として、アウトソーサーの株式を買い取り、子会社化して自由に改革の采配を振るうという手があります。

または、アウトソーサーを切り替えようとしているときに、創業者が委託側企業の株の大半を押さえていて、反対する場合もあります。自分が株を手にしている企業から、もうひとつの株を手にしている企業にアウトソーシングされていれば、重複して利益を手にできるからです。こうした場合、創業者のもつ委託側企業の株式を買い取るなどの方法で資本構成を変えて、身軽な意思決定ができるようにしなければなりません。

　アウトソーシングは企業の機能構成の枠組みを変える戦略的なリストラクチャリングの手法です。その意思決定に創業者という一部のステークホルダーの利害が強く反映されることで、企業の力が弱まるなら、創業者の力を弱めなければならない事態になります。資金が必要になり、大がかりになるため、できればやりたくないことですが、場合によっては資本政策で対応していくことが必要になることもあります。

　実際に、分散した機能子会社を一社に統合してアウトソーサーにするために、資本政策を使わざるを得ない場面も見ることがありました。アウトソーシングをリストラクチャリングの手立てとして使う際の問題点です。

　もちろん、いちばんよいのは、創業者や元経営陣が企業の永続性を熟慮し、改革に手を貸してくれることです。

◆現経営陣の強力なリーダーシップが必要

　アウトソーシングというと技術的なことと考えられがちですが、創業者一族や経営陣が牛耳っているアウトソーシング体制を覆すためには、現経営陣の強力なリーダーシップが必要になります。

　なんといっても、過去に大きな貢献がある人たちと渡り合うには、それなりの地位の人のそれなりの覚悟が必要です。委託側企業のマネジメントのリーダーシップがカギになります。

5 人事労務問題には細心の注意を払う

■ 人事労務は法整備が進んでいるので
　正しい法対応が求められる

◆派遣社員採用では法律への対応を正しく守る

　派遣社員は広い意味でのアウトソーシングです。派遣社員の採用に関しては、労働者派遣法の改正もあり、時代に合った整備が進んできています。法整備に従って、逆に企業側がきちんとした対応をとる必要が出てきています。

　人材派遣では、派遣会社が派遣社員を雇用して賃金を支払います。派遣社員は派遣先の指揮監督を受けサービスを提供し、派遣先は派遣会社に派遣の費用を支払う仕組みになっています。派遣社員の労働環境は派遣先がきちんと整備する責任をもっています。

　派遣社員の雇用契約は派遣元と派遣社員で結ばれます。一方、仕事を遂行するうえでは、派遣社員は派遣先の指示命令に従うことになります。

　そのため、急な残業を依頼されたり、残業代が支払われなかったり、契約外の仕事が依頼されたりといった契約違反に該当するようなことがあった場合、派遣社員は派遣先ではなく派遣元に相談することになります。

　しかし、派遣元から見ると派遣先は顧客にあたり、あまり強いことがいえない状況にもなりかねません。こうなると派遣社員の労働環境が守られない事態も起きかねません。

　こうしたことを避けるため、派遣法によって派遣社員が守られるようになっています。派遣先である委託側企業は、きちんと法律を守る義務を負うので、上のような契約外の仕事を依頼することはできないことに

⊘ 委託企業側にもアウトソーサーにも働く人の人事労務問題は関係する

人事労務環境

委託側企業 　　　　　　アウトソーサー

偽装請負にならないようにする。アウトソーシング関係者の労働環境を保全するようにする

なるわけです。

　派遣社員の場合、直接雇用者に比べて、雇用の柔軟性を目的に採用されますが、突然の派遣契約破棄は、生活に大きな影響があるため大問題になります。派遣契約では、契約期間中は正当な理由がないかぎり契約を解除することはできません。

　2008年秋のリーマンショック以降の景気後退時に多くの製造業がいきなり派遣契約を解消し、大問題になったのは記憶に新しいところです。直接雇用の社員が守られているのと同様に、派遣社員も法的に守られています。委託側企業は、アウトソーシングだからといって好き放題できるわけではなく、働く人の権利を守るためにもきちんと法律を守る義務

があるのです。
　また、再派遣は禁じられています。建設業務、港湾業務など一部の業務には人材を派遣することはできません。
　うっかりしやすいことですが、派遣社員を面接して選んではいけないことになっています。直接雇用を前提とした人材派遣でないかぎり、事前面談は禁じられているのです。

◆派遣社員の労働環境に配慮する

　派遣社員の労働条件は、きちんと決められています。たとえば、1日の稼働時間、休憩時間、残業の可否、休日出勤の可否などの条件が、採用前に合意されています。派遣先企業は合意された条件を必ず守らなければなりません。
　また、派遣契約のなかでは、行なうべき仕事も決められています。決められていない仕事を派遣社員に命じてはいけないことになっています。
　しかし、派遣期間が長くなると派遣社員が重要な仕事をするようになっていたり、社員よりも仕事をよく知っていたりします。だからといって、規定外の仕事を依頼したり、合意されていない残業をさせたりするのは、契約違反になるので注意しましょう。

◆偽装請負にならないようにする

　いくつかの企業で偽装請負が問題になりました。工程外注などの仕事を請負契約の形態で行ないながら、実質的な指示命令と監督を契約元（派遣先）が行なっていた事例です。請負契約の形をとりながら、実質は人材派遣の形になっていました。
　人材派遣であれば、作業環境の整備は派遣先の責任ですが、請負契約の場合は、契約元（派遣先）が直接指示命令を出せない代わりに、労働環境の整備などの責任から逃れられる契約形態なのです。ところが、実質は請負ではないのに請負契約をしていたため、「偽装請負」ということ

とで問題になったのです。

　人材派遣も請負契約も、ある作業に関しての外注であり、アウトソーシングの契約形態でもあります。契約元（派遣先）が自社にとって都合のよいように解釈して契約するのは、時に法律違反になる可能性もはらんでいます。法律に準拠するように注意が必要です。

◆アウトソーサー側の法令違反にも注意する

　派遣契約では、労働者と直接の労働契約・雇用契約を結ぶのは派遣元です。派遣社員を雇い入れる場合には、派遣元の法令遵守（コンプライアンス）をきちんとチェックしなければなりません。

　一方、請負契約や業務委託契約も労働契約・雇用契約ではないため、同様に請負企業、または受託企業はきちんとした労働契約・雇用契約を結んでいることが重要です。

　アウトソーサーが人材派遣を行なっている場合で、外国籍の派遣社員を派遣してくるときは、そのアウトソーサーが不法就労者を派遣してこないようにチェックが必要です。不法就労者と知らずに採用していて、突然問題が表面化し、せっかく仕事を覚えてもらった人材を失うことは損失ですし、不法就労者を雇っていたという風評も怖いものがあります。

　アウトソーシングは、社外の人材を活用するのですが、活用される人々が労働基準法に準拠してきちんと働く地位を守ってもらうことは権利として認められていることです。また、外国人の派遣社員を派遣しているときは、就労許可の確認が必要です。法的な状況、権利関係をきちんと把握して、コンプライアンス（法令遵守）を掲げるアウトソーサーと仕事をするようにしましょう。

6 情報漏洩防止とIT管理の主体性を失わないようにする

▌アウトソーシングで重要な
▌セキュリティーとIT管理の確保

◆ 情報漏洩には細心の注意を傾ける

　最近でも、情報漏洩のニュースが取り沙汰されます。社員が情報漏洩に関わるケースも多い一方で、アウトソーサーの社員が関わるケースも少なくありません。

　アウトソーシングされる機能によっては、顧客情報にアクセスできたり、企業の機密情報を握ったりできる場合があります。そうした場合、知り得た情報を外部に漏洩されないようにきちんと対応しなければなりません。

　情報漏洩の防止には、ソフト的方法とハードな方法との2つがあります。

　ソフト的方法では、きちんと内部統制プロセスを設計し、情報の持ち出しには企業内の管理者の管理監督の仕組みを組み込みます。

　ハードな方法としては、パソコンの持ち出しの禁止、記録メディアの持ち込み・持ち出し禁止、ネットを使った外部アクセスの禁止、建物への入退室のチェックなどがあります。

　ソフトな対策もハードな対策も、内部にアクセス可能な人への対策です。

　しかし、こうしたことをいくら緻密に行なっても、悪意のある人物である場合、情報漏洩は防ぎようがない場合があります。やはり、アウトソーシングをするにしても、信頼できるアウトソーサーを選定することが重要なカギになるでしょう。

◎ アウトソーシングでのセキュリティーは企業の存続に関わる

委託側企業 アウトソーサー

委託側企業もアウトソーサーも鉄壁のセキュリティーを構築しておくべき

◆ ITガバナンスを構築してITコントロールを確保する

　ITをアウトソーシングする場合、あまりにもすべてをアウトソーシングしすぎて、自社で一切ITに関する意思決定力を喪失してしまう場合があります。

　フルアウトソーシングは、自社に一切リソースをもたないため、最も身軽な方法ですが、半面、すべてのリソースが外部に握られてしまうのです。さらに、自社にITをもたないため、自社の社員は一切ITの経験、実地のスキルを得ることができず、アウトソーサーの意見に従わざるを得ない状況に陥ります。

　このようなことが起きないように、少なくとも予算策定・執行上の意思決定は委託側企業が握り、IT企画とアウトソーサーの管理監督ができる体制を社内でもつことで、ITガバナンスを構築しておくことが必要です。

第5章　ここを押さえて成功を確実化する

⊘ アウトソーシングで成功を確実化するための10の心得

①アウトソーサーには高い作業レベルを求めること

②アウトソーサーに過度に依存しないこと

③意思決定までアウトソーシングしないこと

④自社の強み・コアまでアウトソーシングしないこと

⑤元経営陣の天下り先にアウトソーシングしないこと

⑥創業者一族の企業にアウトソーシングしないこと

⑦法律を守り、偽装請負などをしないこと

⑧アウトソーサーの法令遵守も厳しく見ること

⑨情報漏洩には細心の注意を払うこと

⑩ITガバナンスを確立すること

第6章

5社の成功事例に学ぶアウトソーシング
──ケーススタディ

1 ケース1
子会社再編プロジェクトの構想策定と体質改善を実現

▍コンサルタントが5つのフェーズを示して正しい手順で実施

◆ 肥大化した子会社の統合施策が遅々として進まず

　A社はある消費財を製造・販売している企業です。

　戦前に創業された会社で、いまでは世界各国にも販売網をもっています。A社が扱う製品は高度経済成長に乗って日本中の家庭が購入したものです。

　A社では、高度経済成長の過程で、旺盛な需要に応えるために日本中に販売会社を次々に設立しました。

　その結果、各県に1社ずつ販社があり、北海道や東京には複数の販社が存在します。

　ところが時代は変わり、21世紀に入ると販売は低迷し、競争も激しくなりました。

　成熟市場では、価格競争になり、たくさんある販社を支え切れるだけのマージンが維持できなくなってきました。

　A社では、コストダウンの方法として子会社を統合する施策を考えました。しかし、施策を考えてから、一向に前に進みません。どういう形態の統合をすべきか、どういう業務プロセスにするのか、システムはどうするのか、人員を削減するのか、単なるリストラでよいのかなど議論が噴出してまとまらないのです。

　数年間この状況が続き、業を煮やした役員が外部の力を借りる決断をしました。戦略構想と実行計画の立案を外部コンサルタントにアウトソーシングすることにしたのです。

　こうしてA社の改革はスタートしました。

◯ 戦略構想をアウトソーシングしたA社の例

A社の実態		アウトソーシング結果
高度経済成長に乗って拡大 ⇩ 販社が何社もでき、肥大化	戦略構想をアウトソーシング →	構想策定の迅速化 販社統合 間接業務のシェアドサービス化

自社内では遅々として進まなかった改革案づくりが加速し、改革案ができ上がる。その案にもとづいて、速やかに高コスト体質を改善した

◯ A社の人材再配置計画書

	旧販社	親会社転籍	統合販社残留	計	退職等
役員（社長含む）	29	4	3	7	22
営業企画	25	12	7	19	6
システム	6	2	0	2	4
購買	26	3	14	17	9
総務・経理	23	18	5	23	0
商品管理	68	3	65	68	0
配送	19	0	19	19	0
営業	197	0	197	197	0
営業支援	17	0	17	17	0
受注	100	30	10	40	60
TTL	510	72	337	409	101

（親会社転籍欄の18）本社内シェアドサービスセンターへ
（退職等欄の60）コールセンターアウトソーシングにより退職、一部転籍
（退職等欄全体）退職

構想策定をアウトソーシングすることで構想が一気に進む。総務・経理などの間接人員は本社シェアドサービスセンターへ。受注担当は退職、または一部アウトソーサーのコールセンターへ転籍

第6章 5社の成功事例に学ぶアウトソーシング

◆作業を明確にし現状分析で説得材料をつくる

　参画したコンサルタントは、まず、構想策定と実行計画を立案する体制を整えました。プロジェクトは４カ月とされ、４カ月間の工程もきっちりとつくられ、作業がすべて洗い出されています。現状分析フェーズ、競合分析フェーズ、改革構想立案フェーズ、新業務・組織設計フェーズ、実行計画立案フェーズの５つのフェーズが切られ、フェーズ内の細かい作業もすべて決められました。

　Ａ社の内部でやっていたときは、ただ会議だけがもたれて、「課題は何だ」「課題は解決したか」「次の課題は何だ」といった感じで尺取虫のような進め方でした。きちんとやるべき作業が設定されただけでも大きな進歩です。作業が明確になっただけでも大違いなのです。

　現状分析フェーズでは、各販社の状況をきちんと把握し、説得材料をつくることにしました。規模の小さい販社は固定費が稼げなくなっていることをいやというほど明示しました。売上げの規模にかかわらず、すべての販社に社長、役員、経理、人事、総務が必ずいます。

　システムはばらばらです。同じであるはずの会計、請求、給与計算などのシステムが個別につくられ、連結決算で本社にデータを送るだけでも何日もの時間がかかります。

　販社は在庫も抱えています。「なぜ、こんなめったに出ない製品の在庫までもっているのだ」と驚かれるほど多種多様な在庫を販社ごとに保持しており、一部は滞留し、不良在庫化しています。

　資金繰りも、厳しい販社と楽な販社に分かれています。厳しい販社は本社に資金を借り、楽な販社は単に地元の金融機関に定期預金にしているだけで、グループとして資金の有効活用は行なわれていません。

　本来、地元密着で手厚いサービスをすべきところ、人数が少ないため、土日はお休みで顧客に迷惑をかけています。

　このままでは販社の一部は破綻に追い込まれるのが明らかなことをわかるように示しました。各販社の反対を押し切るだけの材料ができたわけです。

◆重複機能の集約とシェアドサービス＆アウトソーシング

　アウトソーシングしたコンサルタントを中心に、次は競合分析し、他業界も分析しました。競合だけだと視野が狭まるからです。複数存在する在庫拠点の集約の仕方は半導体製造装置の保守部品在庫拠点の集約方法を参考にしました。シェアドサービスセンターは食品・飲料メーカーの会計システムのシェアセンターが参考になりました。コールセンターは医療機器のコールセンターを参考にしました。

　その後の改革構想立案フェーズでは、散在していた販社を1社に統合し、重複機能を集約することにしました。倉庫も集約し、在庫を減らしました。販社ごとにいた社長は1人とし、役員は退任で10分の1としました。経理、人事、総務は本社でシェアドサービスセンターを設立し、一部人員をそこに移籍し、販社からのアウトソーシングを請け負うことにしました。受注も、センター化し、コールセンターをアウトソーシングしました。コールセンター化することで24時間365日対応ができることになり、サービスレベルも格段に上がりました。

　劇的な人員の合理化が進み、余った人材は営業や配送に転属としました。実行計画がつくられ、本社役員と販社役員の決済も下りました。労働組合の協力も取りつけ、解雇はしない販社統合として、粛々（しゅくしゅく）と実行されました。

　自社メンバーだけでは堂々巡りだった改革が、コンサルタントを招聘（しょうへい）することで一気に進みました。構想の絵姿を「見える化」し、施策とやるべき作業を組み上げる力はさすがでした。しかも主役は企業側のメンバーで、コンサルタントはあくまで黒子に徹してくれたのも功を奏しました。こうしてA社では積年の悲願だった販社統合を成し遂げたのです。

　この成果はコンサルタントに丸投げせず、役割分担を敷いて、必要な部分だけコンサルタントにアウトソーシングしたからなのです。戦略策定のアウトソーシングによって、成功裏に改革を成し遂げた例です。

2 ケース2

会計・給与計算シェアドセンター設立でグループをスリム化

> 大企業の重複機能や組織を
> アウトソーシング活用で効率化

◆グループ企業でそれぞれ機能組織と機能子会社をもつムダ

　B社は巨大なコングロマリットの中心的な企業です。企業が成長するのにともなって組織が肥大化し、複数の事業部をもつだけでなく、たくさんのグループ企業をもっています。

　グループ企業のうちのいくつかは上場しており、それぞれがかなりの規模の企業になっています。

　グループ企業各社は、それぞれ自社の経理、人事、総務をもち、そのうえ、それぞれ機能子会社ももっています。物流会社、印刷会社、旅行会社、食堂サービス提供会社、人材派遣会社、不動産管理会社、システム運用会社などです。

　不況に直面したB社は、グループの不採算を目の当たりにして、いつの間にか高くなってしまった固定費部分に注目をしました。各社で同じ機能と似たような機能子会社をもっていることに改革のメスを入れました。

　間接部門に人があふれ、各社で機能子会社に毎年同じような金額を固定的に支払っているだけで、コストダウンも改善もありません。前年度予算横滑りの、役所のような取引が行なわれていたのです。

　また、人材や設備も重複していて、ムダを生んでいました。

　たとえば、繁忙期である会社の子会社がもつ倉庫やトラックが不足していても、余裕のあるグループ企業子会社の情報がないため、調整ができません。一方では設備が足りずに外部調達、逆にもう一方では余っていても遊ばせているだけという状況になりました。お互いにムダを生んでいたのです。

◎ シェアドサービスセンターを採用したB社の例

B社の実態

大企業化、グループ企業肥大化により、機能・組織があちこちで重複

→ BPO&シェアドサービスセンター構築 →

アウトソーシング結果

余剰人員を有効活用
コストダウン

> 企業グループで重複機能組織が多くムダが生じていたが、BPOとシェアドサービスを組み合わせて人材の再活用とコストダウンを実現

◎ 業務機能分析により人員配置を最適化

現行担当組織

本社人事部門	人事制度企画　　給与制度企画 労政企画（労組対応）　社会保険 人事管理体系整備　所得税納付 研修企画・実施　　給与賞与計算
事業部人事部門	独身寮管理　　社宅寮費経費支払い 退職手続き　　年末調整

　　：シェアドサービスセンターへ委託すべき業務

あるべき業務分担

本社人事部門	人事制度企画　　人事管理体系整備 給与制度企画　　労政企画（労組対応） 退職手続き
シェアドサービスセンター	研修企画実施　　社会保険 所得税納付　　　給与賞与計算 年末調整 社宅寮費経費支払い 独身寮管理

> 上記のように業務機能分析を行ない、シェアドサービスセンターへ委託すべき業務を洗い出し、人員配置を最適化

第6章　5社の成功事例に学ぶアウトソーシング

◆組織と機能子会社を統合しBPOでアウトソーシング

　一部の機能子会社は、いったん会社を統合したうえで、外部のアウトソーサーに売却しました。いわゆるBPO（➡56ページ）です。売却されたのは、物流会社、食堂サービス提供会社、人材派遣会社です。

　物流会社、食堂サービス提供会社は、当初は100％B社の仕事をしていましたが、アウトソーサーになることで、徐々にグループ外の仕事もするようになりました。人材派遣業は、売却された当初から大手の人材派遣会社の業務に統合され、B社グループと関係のない企業との取引もどんどん任されるようになりました。

　各社とは毎年料金交渉を行ない、場合によっては入札でアウトソーシング先を切り替えることで、品質とコストの両立を図りました。コストダウンされ、費用も変動費化しました。

　物流会社の業務はさほど変化はありませんでしたが、食堂サービス提供会社のサービスは劇的に変わりました。いままではB社の丸抱えで、惰性で仕事をしていたような状況でしたが、外部のスキルが入ることで、安価だがおいしい食材を手に入れたり、栄養に気を遣ったり、カロリーに配慮する食事を提供したり、夜はビールを提供したりと、いいことずくめに変化しました。

◆組織を統合しアウトソーサーと合弁アウトソーシング会社設立

　システム運用会社は統合のうえ、アウトソーサーと合弁会社が設立されました。データセンターを統合し、運用を一元化して、コストダウンを図りました。

　日本全国に分散していたシステムやデータセンターを東京近郊の新データセンターに統合したのです。1カ所にすることで、設備の重複がなくなりました。トラブルが起きると駆け回り、日本中を出張する必要もなくなりました。

　人材面でのコストダウンは大きなものでした。各地に分散したセンター

で、24時間運用しようとするとそれだけたくさんの人を必要とします。しかし、1カ所にすることで、夜勤ローテーションが組みやすくなり、コストが下がりました。

当面の間はB社グループのシステム運用が主な受託先でしたが、そのうち外販にも力を入れ始め、いまではB社グループ以外の売上げが30％になりました。B社グループの運用や追加開発で学んだことが、外販に生かされるようになったのです。まだ、B社への依存比率は高い状態ですが、アウトソーサーとして独立した企業になる道が見えてきました。

◆組織と機能子会社を統合しシェアド化でコストダウン

統合して、グループ各社にサービスを提供するシェアドサービス会社が設立されました。経理、人事、総務、旅行会社、不動産管理会社でのシェアドサービス化が行なわれ、アウトソーシングされました。

いままで重複していたB社グループ会社の社員や旅行会社、不動産管理会社の社長、役員、総務社員、経理社員が効率化の対象とされ、一部はシェアドサービス会社に移籍し、一部は退職となりました。こうしてコストダウンが達成されたのです。

このようにしたコストダウンの効果は、大きいものでした。各社の重複した社長、役員は、シェアド化によって80％の人員削減になりました。総務と経理の社員は合計で50％の削減です。

こうした間接人員だけでなく、直接的な業務に関係する社員（直接人員）も削減することができました。組織や会社が統合されることで、いままで繁忙期対応でたくさんいた社員が必要なくなったからです。各社の繁忙期が必ずしも一致しないため、人員が大幅に超過し、その分が削減対象となったのです。

削減対象人員のなかには、退職した者もいれば他社へ転籍した者もいますが、削減対象人員には、新たな活躍の機会が与えられました。

3 ケース3
サード・パーティー・ロジスティクスで競争力強化

3PLの採用で物流の弱点を克服し
優秀な製品で勝負が可能になる

◆競争力をもたない自社物流管理が弱点だった

　C社は世界中に製造装置を販売する製造業です。C社の製品は機能的には優れていますが、競合もひしめく厳しい業界で競争しています。C社の属する業界の顧客は、量産型の部品を製造していて、大量生産によるコストダウン競争が激しい業界です。

　もし、この業界で購入した製造装置が故障して生産がストップすれば、たちまち大きな損害となります。一部のメーカーでは、製造ラインをストップさせた場合、大きなペナルティーを課す契約が行なわれています。

　製品の機能は優れているC社ですが、物流に大きな弱みを抱えていました。たとえば、C社の製造装置が故障して、修理用部品がない場合、可能なかぎり迅速に届けるのがあるべき姿です。製造ラインを止めると大クレームになり、ばく大なペナルティーをとられるからです。顧客の要求は24時間以内の復旧です。

　ところが、C社では、どうしても24時間で修理することができません。修理用部品がタイムリーに届けられないからです。修理用部品を届けられるのは国内で速くて翌日、海外は最速でも3日、通常では1週間もかかるのです。

　それでも国内はなんとか翌日には到着するので大きな問題にはなりませんでした。問題は海外の顧客でした。修理用部品が届かないため、海外の顧客もC社を見限り始めました。せっかく高い性能を誇る製造装置も、動かなければ役に立ちません。一部の顧客からは取引停止勧告まで受けてしまいました。

⊘ サード・パーティー・ロジスティクスを採用したC社の例

C社の実態

自然発生的な自社物流
スピードが遅い
改善が進まない
コストも固定的
顧客に迷惑

→ サード・パーティー・ロジスティクス →

アウトソーシング結果

物流が
競争優位を生み出す

（ただし、3PL業者を
再教育する手間が発生）

> 旧態依然とした物流で競争力を喪失していたC社は、物流をフルアウトソーシングするサード・パーティ・ロジスティクスを採用し、競争力を取り戻した

⊘ 自社とサード・パーティー・ロジスティクスの比較分析

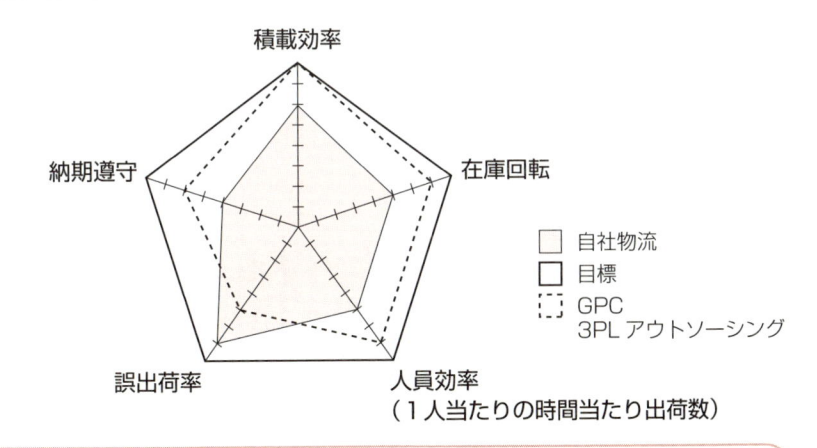

レーダーチャート：積載効率、在庫回転、人員効率（1人当たりの時間当たり出荷数）、誤出荷率、納期遵守

凡例：
- 自社物流
- 目標
- GPC 3PL アウトソーシング

> 上記レーダーチャートで採点してみると、全体に自社物流より3PLのほうが物流効率が優れている。ただし、誤算は誤出荷率。さらなる教育が必要になってしまった

第6章 5社の成功事例に学ぶアウトソーシング

C社の物流は子会社が請け負っています。数十年前に設立され、以来十年一日のような仕事をしています。山奥の工場から、梱包場に運び、1日かけて梱包します。国内向けはこれで出荷できますが、海外向けは、外装梱包、輸出梱包をそれぞれ別の場所で行ないます。輸送と作業で各1日、これですでに3日です。輸出ドキュメント（書類）も毎回作成し、ドキュメント待ちで出荷が待たされることも日常茶飯事です。

　拠点の散在、間の輸送と作業の非効率、モノとドキュメントの非同期など問題だらけでした。親会社が改革を促しても一向に動きません。

　業を煮やした親会社は、海外物流をアウトソーシングして、もっと短時間で海外に輸送できる方法を模索しました。出庫、梱包、輸出ドキュメントのセット、通関、輸送を一手で、途切れることなくシームレスに行なえる物流業者を探しました。倉庫も空港近くに借り上げ、ここで保管、梱包を一度にできるようにしました。

　アウトソーサーは5社コンペで最終的に海外の物流企業を選定しました。アウトソーサーとして、世界的にも有名な3PL業者を選定したのです。テレビコマーシャルも頻繁に流されていて、ブランドイメージもよいものがありました。

◆ 世界最高水準の物流のはずが期待外れで再教育

　C社は、一括物流アウトソーシングとして、サード・パーティー・ロジスティクスを実現したのです。これで、ひと安心と思いきや、意外なことが起きました。

　業務引き継ぎで、アウトソーサーの3PL業者の作業者レベルが著しく低いのです。まず、倉庫引っ越しで問題が起きました。もとの倉庫から何を出して、その荷物が新しい倉庫に移動したのかどうか、記録をきちんととっていなかったのです。品物が迷子になりました。

　自動倉庫に入れるもの、床に平置きするものも明記したのですが、なんでもかんでも平置きされています。廃棄予定品も運ばれてしまいました。棚卸しもできません。

　驚いたC社では、本社メンバーと工場の間接部門メンバーを動員して何

とか引っ越しを終わらせました。引っ越しは年末年始で行ないましたが、この期間で終わらないと、出荷に影響が出るからです。

後になって、どうやらこの3PL業者は、世界的に名前は売れているが、結局地場の業者を買収して大きくなっただけで、とくに物流に優れた能力があったわけではなかったことがわかりました。セールストークで選定してしまったのです。

結局、引っ越しの仕方を教え、入庫の指示をしたのはC社社員でした。その後も出庫ミスや破損などミスが続き、地道な教育が行なわれました。

◆3PLアウトソーシングが競争優位を生み出す

教育のかいあって、管理が安定すると輸送時間が極端に縮まり、効果が出始めました。アジアは翌日に修理部品が届き、北米も24時間以内には届きます。欧州はどうしても48時間ですが、それでも大進歩です。

いままでC社では、修理用部品がいつ届くかという納期回答さえできなかったのです。それがいまでは、在庫があるのがグローバルに見えて、いつ出荷され、いつ届くのかが見えるのです。また、在庫さえあれば、24時間以内、あるいは48時間以内のお届けが保証されるわけですから、劇的にサービスレベルが上がったのです。

いまではC社は、優秀な修理用部品のサプライヤーと評価され、製造装置の売上げも順調に拡大しています。

C社の例は、子会社の旧態依然の物流を3PLにアウトソーシングして改革した例です。すべてアウトソーサーにお任せでは危険がある場合があり、やはり委託企業側もそれなりの努力が要ることを物語っています。アウトソーサーのレベルが思ったよりも低いと、かえって業務品質を落としかねない事態があるという証左です。

とはいえ、C社は物流をアウトソーシングすることで、大きな競争力を手に入れました。アウトソーシングを有効に活用した例です。

4 ケース4
お荷物だった情報システム部門が多大な利益貢献部門に変身

▎AMOによってできた余裕で高スキル化し
▎利益を稼ぐ子会社となる

◆自社社員がIT運用で疲弊し競争力も失う

　D社は、中堅の製薬メーカーです。長年自社でシステムの運用と開発を手がけてきました。自社独自製造のシステムを長年使い続けていたのです。

　このころの自社情報システム部員は悲惨でした。自社システムのメンテナンスに四苦八苦し、不具合が起きるたびに社員に呼び出されます。不具合は日常茶飯事、ちょっとしたことでシステムが止まったり、処理速度が異様に落ちたりしました。

　古いコンピュータ言語でつくられたシステムの保守に追われ、情報システム部員の時間は、ほとんどが消化され、新しいシステムの企画や、新技術の習得などとてもできる状態ではありませんでした。

　つぎはぎだらけのシステムは、個別の業務を見ると、よくできていました。かゆいところに手が届くユーザーインターフェースと機能をもっています。しかし、そうした作業ベースの効率性は、企業全体の効率にはまったく貢献していませんでした。

　たとえば、販社、本社、工場で別々の経理システムが導入されています。会計データを統合するだけで、人手で仕訳を切り直したり、総勘定元帳を修正したりしながら、毎回数日かかります。受注システムもばらばらのため、販社から本社への注文も、いちいち再入力が行なわれます。経営者が全社在庫の状態を知りたいというと、データの補正と集計だけで、何日も、何人もかけて処理が行なわれる始末でした。

　競合各社が薬の副作用情報を公開したり、注文を自動化したり、創薬時の探索や治験データの分析をシステム化していくなかで、D社はまったく

◯ AMOを採用したD社の例

D社の実態

- 自社社員がIT運用で疲弊
- 自社社員スキルが陳腐化

→ ERP導入 AMO採用 →

アウトソーシング結果

- 新技術・方法論を学ぶ余裕ができ、高スキル化
- 学んだものを使い外販拡大
- 高付加価値業務に特化し開発、AMO、IMOをアウトソーシング

AMO化で自社社員が学習する余裕を手に入れ、高いスキルを身につけることで、分社独立を可能にし、利益を稼ぐ会社になることができた

◯ AMOの概念図

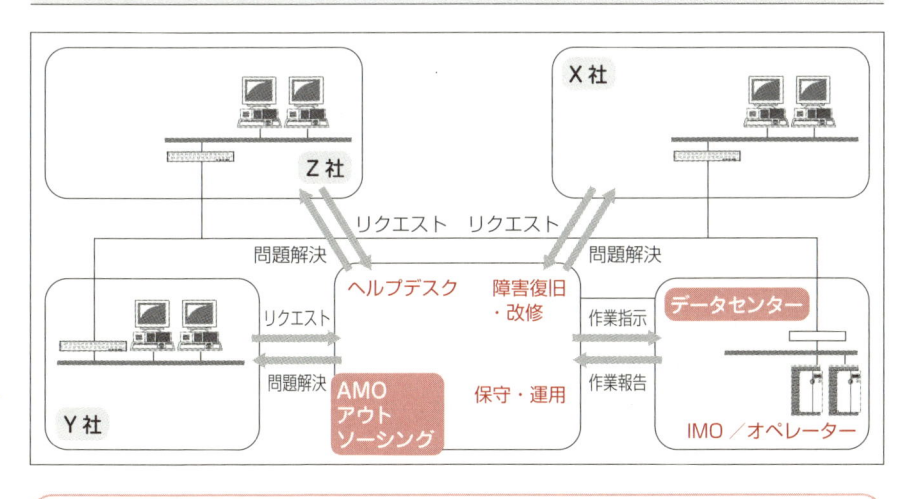

（図：Z社・X社・Y社がヘルプデスク（AMOアウトソーシング）へリクエスト／問題解決、保守・運用、障害復旧・改修を介してデータセンター（IMO／オペレーター）へ作業指示／作業報告）

保守・運用、障害復旧、改修、ヘルプデスクをAMOにアウトソーシングすることで、委託側企業は高付加価値業務に集中できる

第6章　5社の成功事例に学ぶアウトソーシング

対応できず、競争力を失っていきました。巨大で鈍重な基幹システムに時間をとられ、新しいシステムの企画や導入ができなかったのです。

◆最新のアプリケーション保守・運用をアウトソーシングする

D社は、2000年問題を機に海外のERP（Enterprise Resource Planning：企業資源計画）システムを新基幹システムとして採用しました。保守・運用にばく大な工数とお金がかかるシステムを捨て、標準機能に合わせることを原則に、短期間での導入を試みました。

実態としては、入れ替えに2年近くかかってしまい、2000年問題の後の導入になりましたが、一応の業務標準化とシステムの統一を果たしました。

ERPを基幹システムアプリケーションとし、あまり特殊な自社向けの開発をしなかったおかげで、保守・運用も簡単にできるようになりました。この段階で、D社は基幹システムのアプリケーション保守・運用をアウトソーシングする検討を始めました。

いままでD社では、システムのハードウエアやネットワークの保守・運用をアウトソーシングしていましたが、その上で動くアプリケーションもアウトソーシングできると提案されたからです。

D社では、この際なので、ハードウエアやネットワークのIMOとアプリケーションのAMOの両方のRFPを作成し、コンペを開きました。複数社からの提案を受け、そのなかで、IMOは国内システム会社、AMOは外資系のAMO実績が豊富な会社の組み合わせの共同提案を採用し、アウトソーシングを実施しました。

ERPも完成したばかりなので、引き継ぎもうまくいきました。自社の情報システム部員は、ERP導入で活躍しましたが、実際のカスタマイズや開発は外注業者にアウトソーシングしたため、開発スキルを学ぶというよりは、プロジェクトマネジメントやERPの導入方法論、システムベンダー管理を深く学ぶ結果になりました。

この経験によって、自社に情報システム部員はシステム企画とERPの導入方法、プロジェクトマネジメントを行なう力がつきました。D社では、その余力を生かして、次々と革新的なシステムも導入していき、システム

が本業に貢献できるようになったのです。最新のアプリケーションをアウトソーシングすることで、余裕が生まれたのです。

◆情報システム部を分社化しERP導入を外販する

　さらにD社では、情報システム部を分社化し、ERP導入の経験を生かして、外販に乗り出しました。時はERP導入真っ盛りの時期でした。その波に乗って、D社の情報システム子会社は大きく成長し、親会社にも利益貢献することができるようになりました。

　ERP導入当時の開発業者、AMOやIMOを担うアウトソーサーと組んでの導入コンサルティングを開始したのが当たりました。

　当時、多くのベンダーがERP導入だけとか、開発だけとか、あるいはIMOしかできないといった個別のアウトソーシングを請け負うだけであったところ、D社から独立した情報会社は、企画、設計、開発、保守のすべてのフェーズでのサービスに対応できる体制と経験を有していたからです。

　プロジェクトマネジメントの経験が、全体を統括する経験とスキルも与えてくれたのです。AMOやIMO、システム開発をアウトソーシングし、ベンダーを使いこなすことで、システム導入での付加価値の高い分野の仕事を獲得し、親会社の競争力を生んだだけでなく、利益貢献もする孝行息子に変身したのでした。

　いままで、自社のシステムの保守対応で精いっぱいだったコストがかかるだけの3K職場が、利益を稼ぐ部門に変身したのです。しかも、ERPの企画、設計、プロジェクトマネジメントという付加価値の高い分野に特化できたのも、開発、AMO、IMOをアウトソーシングし、自社はコアプロセスに特化したからでしょう。

5 ケース5
中小企業的アウトソーシングの最適化でコアビジネスに集中

▎中小企業が試行錯誤で
▎アウトソーシングの最適化を実現

◆法務のアウトソーシングは慎重に選定

　E社は、創業間もない中小企業のITベンチャーです。社内の人材には限りがあるうえに、立ち上げ当初は生き残りをかけて、営業と開発に注力せざるを得ません。

　しかし、企業の体裁をとっている以上、経理、税務、法務業務をこなさなければなりません。経理、税務は会計事務所にアウトソーシングすることにしました。とくに立ち上げ時は、さほどの取引もなく、基本的に経費精算が主になるため、月に数万円の費用でアウトソーシングできました。

　一方、気になるのは、作業内容、履行内容やシステムの権利帰属を決める法務の分野です。E社では、パッケージシステムの開発を目指しており、開発したシステムの権利が自社に残らないと困ります。

　実際、法律事務所や弁護士に当たってみると、システムの権利関係に詳しい人がなかなか見つかりません。ほとんどが従来の法律の枠内で仕事をしており、システムと聞いても、ぴんとこないようです。

　また、法律事務所の競争も激しくなっていて、大型化して分業体制でサービスをしているようです。大手の法律事務所では、ITに詳しい人もいるにはいますが、分業制のため、必ずしもその人と打ち合わせができるわけではないし、そもそもアウトソーシングの費用が高すぎます。

　幸いなことにE社では、知人の紹介でITに詳しい弁護士を見つけ、顧問契約を結びました。顧問契約は、月額数万円です。主に、契約書のチェックや契約前の打ち合わせを依頼しますが、そうした依頼がなくとも、数万円は必ず出ていきます。この月額は、弁護士1人当たり1時間の仕事に

⊘ アウトソーシングでコアビジネスに集中したE社の例

E社の実態

- 創業間もない中小企業のITベンチャー
- 社内リソースは極端に不足

→ 経理、税務、法務をアウトソーシング

アウトソーシング結果

- 自社コアビジネスに注力
- 法務だけは顧問契約によるアウトソーシングをやめ、つど依頼に変更

経理、税務、法務をアウトソーシングすることで、創業間もない中小企業のITベンチャーが本業に集中でき、成長の機会をつかみ始めることができた

⊘ E社のアウトソーシングの流れ

E社 → 経理処理 → **会計アウトソーサー**

送付書類:
- 通帳
- 現金出納帳
- 証憑綴り

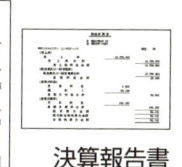

作成物:
- 総勘定元帳 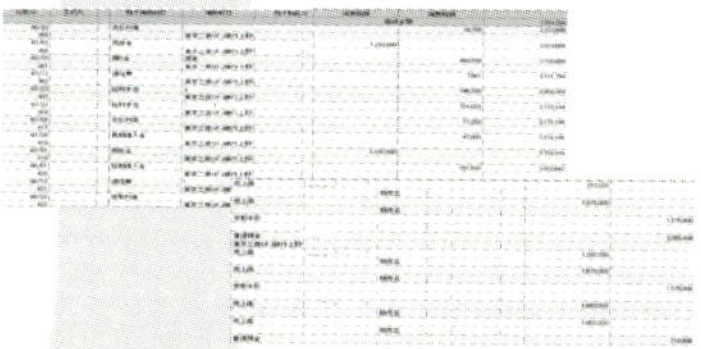
- 売掛帳・買掛帳 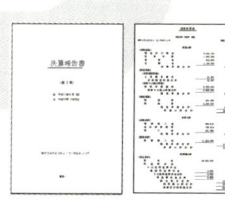
- 決算報告書

E社は必要な書類を会計アウトソーサーに送り、E社コアビジネスと無関係の経理・税務処理をアウトソーシングすることで本業に特化できた!!

第6章 5社の成功事例に学ぶアウトソーシング

限定され、1時間を超える場合は、追加で費用請求されます。

　E社では、初めこそ顧問料を超える仕事を依頼していましたが、内容は単なる契約書の字句のチェックで1時間が終了していたりするのでした。しかも、若手の駆け出しの弁護士が担当していたりして、やり取りもたどたどしく、いらいらさせられることも多くありました。

　かなりの費用負担を感じ、契約書もそろった段階で、顧問契約を解除し、個別契約のなかで仕事を依頼することにしました。E社では、法務関係のアウトソーシングではあまりいい印象をもちませんでしたが、これが弁護士の報酬形態かとあきらめました。基本を知ってしまえば、常時依存する必要がないことがわかったからです。

◆アウトソーシングの最適化で費用対効果の成果を上げる

　とはいえ、E社では、経理・税務、法務をアウトソーシングすることで、なんでも自前で行なって本来業務の時間がなくなるのを避けることができました。月数万円の金額で、それ以上を本業で稼ぐことができたのです。

　いまではE社は創業時の何倍もの売上げを誇っています。経理・税務はアウトソーシングしたまま、法務は必要に応じた委託を行ない、アウトソーシングも最適化されました。今後もっと成長すれば、アウトソーシングの形態も変わってくるだろうと考えています。

〔巻末資料〕

契約書ひな形

> 　参考として、3つの重要な契約書を紹介します。アウトソーシングは外部の企業との契約となるため、契約書は重要なツールになります。
>
> 　実務的に使ってきた契約書ですので、自社に合わせてカスタマイズしてください。なお、業務委託やアウトソーシングサービスは、ある特定分野の契約書ですので、異なる業務に使う場合は、その業務に合わせたカスタマイズが必要です。
>
> 　使用の際は必ず御社の法務部門のチェックを受けるようにしてください。

- 機密保持契約書
- 業務委託契約書
- アウトソーシング・サービス契約書

アウトソーシングに必要な契約書と使い方

機密保持契約書

　委託側企業もアウトソーサーも、お互いの業務の内容を知り得る立場になるので、お互いの機密を特定し、機密を漏らさないという約束を契約書という形で取り結びます。

　機密保持契約書は、実際のアウトソーシングが成立する前から締結します。委託側企業がアウトソーサーを選定するときから、すでに機密情報が受け渡しされるため、お互いが接触を始めた段階で取り結ぶのが理想でしょう。

　遅くとも、RFP（提案依頼書）を開示する段階では、機密保持契約書を結ぶべきです。アウトソーサー候補として、委託側企業のかなりの情報が受け渡される段階になるからです。

　機密保持で重要なのは、機密情報の特定です。一般公開情報やお互いが以前からもっている情報まで機密にされては困るからです。また、機密保持契約の効力がある一定期間持続することを合意するのも重要です。アウトソーシングが終わったからといって、機密情報は機密情報です。お互いの利益を損なわないように期間を取り決めましょう。

業務委託契約書

　ここでは、業務委託契約書の見本として、コンサルティングの業務委託契約書を紹介します。アウトソーシングする業務はコンサルティングですが、他の業務にも応用して使うことができるものとなっています。

　業務委託では、作業範囲を確定したり、責任範囲を特定したり、報酬の支払方法を定義することが重要です。注意すべきは権利関係です。なんらかの成果物が作成される場合、成果物の権利・帰属関係を明確にしておきます。

　また、損害賠償の項目も重要です。過度なリスクをアウトソーサーが負わないようにするためには、損害賠償金の額に上限を設けたり、受け渡された報酬の範囲に限定したりするなどの記述とすることが一般化し

ています。

　機密保持契約が結ばれていない場合は、この契約書で機密保持に関する項目を入れます。すでに機密保持契約が結ばれている場合は、「〇年〇月〇日付で締結の〇〇に関する機密保持契約書に準ずる」という趣旨の言葉で代替します。

アウトソーシングサービス契約書

　分野としてはシステムの事例ですが、物流領域などの移行作業を伴うアウトソーシングに応用できます。事例の契約書の特徴は、契約書が3つの部分に分かれていることです。ひとつは移行サービス部分、もうひとつは運用サービス部分、最後が一般条項です。

　移行サービスは、アウトソーシング対象がきちんとアウトソーサーに引き継がれるまでの作業を定義します。システムの場合は、引き継がれるシステム範囲全体を特定し、それを受け渡し、稼働するようにテストし、必要に応じて教育するところまでを含みます。

　運用サービスは、長期的な委託になる本来のアウトソーシングそのものの契約書です。この契約書ではサービスレベルの定義をあまりしていませんが、企業によってはアウトソーシングのサービス時間や障害復旧時間などが重要になることもあります。そのときは、きちんと定義をするようにしましょう。

　サービスレベルの定義をした契約書は、サービスレベル・アグリーメントと呼ばれます。略してSLAといわれますが、最近はSLAが独立して結ばれることも多くなってきました。SLAが運用サービス部分から独立して結ばれる場合は、アウトソーシングサービス契約書側から参照するような形で契約書をつくります。

　一般条項は、他の契約書にもある項目です。移行と運用の各サービスを独立した契約書にする場合は、この一般条項は各契約書に載せてください。また、ここでも機密保持項目があります。もし、すでに機密保持契約書が結ばれていれば、業務委託契約書の説明で示したように「〜に準ずる」という言葉で代替してもよいでしょう。

巻末資料

機密保持契約書

> 機密保持契約書はRFIやRFP開示の際に、委託側企業の機密を保全するために結びます。ここでは、戦略や企画のアウトソーシング例として、ある戦略構想の企画の機密保持契約書例を載せます

●●株式会社（以下甲と称します）および株式会社▲▲（以下乙と称します）は、甲乙間にて「××構想の企画」（以下本件業務と称します）を実施するにあたり、相互に開示する情報の機密保持に関し、次のとおり機密保持契約（以下本契約と称します）を締結するものとします。

> 本契約の目的を定義します

（目的）
第1条 本契約は、甲および乙が本件業務を実施するにあたり、相互に開示する機密情報の取扱いを定めることを目的とします。
2．本契約にもとづき機密情報を開示する当事者を「情報開示者」、受領する当事者を「情報受領者」とそれぞれ称するものとします。

> 機密情報を定義します

（機密情報）
第2条 本契約において「機密情報」とは、本件業務に関する有形無形の技術上、営業上、その他一切の有用な情報のうち、本契約第6条に定める開示期間中に、次項にもとづく機密である旨の明示とともに、情報開示者が口頭、書面、電子媒体その他の方法にて情報受領者に開示するすべての情報をいうものとします。
2．情報開示者は、機密情報を文書等の有体物にて開示する場合は、「Confidential」「秘」またはこれに準じた表示を付すものとし、有体物以外の方法にて開示する場合は、開示の際に機密である旨を情報受領者に表明したうえ、開示の日より14日以内に、情報受領者に内容を要約した書面にて機密情報である旨を通知するものとします。

（適用除外） ← 機密情報に当たらない要件を定義します

第3条　前条の規定にかかわらず、次の各号に該当する情報については、本契約にもとづく機密情報の範囲外とします。
(1) 情報開示者より開示を受ける以前に情報受領者において適法に保有していたもの
(2) 本契約締結時において既に公知のもの、または情報受領者の責によらずして公知となったもの
(3) 情報受領者が第三者から機密保持義務を負わされることなく受け取ったもの
(4) 情報開示者が第三者に対し機密保持義務を負わせることなく開示したもの
(5) 情報受領者が独自に開発したもの
(6) 法令の定めにより開示したもの
(7) 情報開示者の事前の文書による承諾を得て情報受領者が開示したもの

（機密保持義務） ← 機密保持として守るべき義務を定義します

第4条　情報受領者は、機密情報を本件業務の目的以外には、使用しないものとします。
2．情報受領者は、事前に情報開示者の文書による承諾がない限り、機密情報を第三者に開示しないものとします。また、情報受領者は機密情報を知る必要のある自己の役員または従業員のみに限定して開示するものとします。
3．前項にかかわらず、情報受領者は本件業務の目的遂行に必要な限度において、機密情報を情報受領者の子会社（情報受領者がその議決権株式の過半数を有する会社）および関連会社（情報受領者がその議決権株式の20パーセント以上50パーセント以下を有する会社）に開示することができるものとします。なお、この場合情報受領者は子会社および関連会社に対して、本契約と同程度の機密保持義務を課さなければならないものとします。
4．情報受領者は機密情報の漏洩を防止するため、情報受領者における同等の性格を有する機密情報と同程度の注意をもって機密情報を取り扱うものとします。

（再委託）

> 再委託時の機密情報の取扱いを定義します

第5条　情報受領者は、本件業務に関する作業を情報受領者の子会社および関連会社以外の第三者に委託するときは、情報開示者の文書による事前の承諾を得て、機密情報を当該第三者（以下再委託先と称します）に開示することができるものとします。
2．情報受領者は、前項にもとづき、機密情報を再委託先に開示するときは、再委託先に本契約に定める機密保持義務を遵守させるものとします。

（契約の効力）

> 資料の有効期間を明確にしておきます

第6条　機密情報の開示期間は、本契約の締結日から本件業務の終了日までとします。なお、本件業務の終了日は、甲乙間で協議のうえ、別途文書で確認することができるものとします。
2．情報受領者は、前項の開示期間の終了後2年間、本契約に定める機密保持義務を負うものとします。

（機密情報の返却・破棄等）

> 資料の返却義務を明確にしておきます

第7条　情報受領者は、別途情報開示者からの指示にもとづき、速やかに機密情報およびその複製物の返却または破棄等の措置を講じるものとします。

（その他の権利義務）

> 権利関係を明確にしておきます

第8条　情報受領者は、機密情報に関し、知的財産に係るいかなる権利も取得するものではないものとします。
2．情報開示者は、機密情報ならびにこれに関連して提供する一切の情報について、いかなる保証も行わず、またこれらに関して担保責任を負わないものとします。
3．甲および乙は、機密情報に関する物品の購入その他取引の義務を負うものではないものとします。
4．本契約の締結は、甲乙間でのいかなる共同事業、パートナーシップまたは代理関係等の形成を約束するものではないものとします。

（契約違反時に関する取り決め） 〔契約違反時の対応を定義します〕
第9条　情報受領者が本契約に違反したときには、情報開示者は情報受領者に対して損害賠償、違反行為の差止、その他情報開示者が必要と認める措置の請求をすることができ、本契約を情報開示者の判断でただちに解除することができるものとします。

（損害賠償）〔責任範囲と損害賠償を定義します。損害賠償額は、無制限、別途協議により決める方法があります〕
第10条　甲および乙は、自己の責に帰すべき事由により本契約に違反し相手方に損害を与えた場合、当該違反行為と相当因果関係にある損害を限度として、損害賠償責任を負うものとします。ただし、甲および乙は、その予見の有無を問わず特別な事情から生じた損害および逸失利益等については賠償責任を負わないものとします。

（準拠法・管轄裁判所）〔係争時の主管裁判所を定義します〕
第11条　本契約の準拠法は日本法とし、東京地方裁判所を第一審の専属的合意管轄裁判所とします。

（協議事項）〔誠意をもって協議を行ない、問題解決にあたることを合意しておきます〕
第12条　本契約に定めのない事項または本契約の履行につき疑義を生じた場合には、甲乙誠意をもって協議し円満解決を図るものとします。

以上、本契約の証として本書2通を作成し、甲乙記名捺印のうえ各1通を保有するものとします。

平成　　年　　月　　日

　　　　　　　　　　　　（甲）

　　　　　　　　　　　　（乙）

巻末資料

> 業務委託契約書

業務委託契約書は特定作業のアウトソーシング時に締結する契約書です。ここでは、業務委託の例として、コンサルティング業務委託契約書例を載せます

コンサルティングサービス業務委託契約書

株式会社◆◆（以下「甲」という）と株式会社■■（以下「乙」という）とは、甲が乙に対して委任するコンサルティングサービスに関して、以下のとおり契約（以下「本契約」という）を締結する。

第1条（業務の委任） ← *業務の委任の合意を確認します*

　甲は、乙に対し甲の××構想策定支援（以下「本件業務」という）を委任し、乙はこれを受任する。

第2条（本件業務の内容および範囲） ← *業務の委任内容、範囲を確認します*

1．本件業務の内容および範囲は、甲が定義する本件業務の作業タスク遂行のアドバイスに限る。
2．本件業務の内容は本件業務の進展に応じて、別途甲乙間で協議の上、適宜書面にて本件業務の内容を変更できるものとし、その場合には当該変更後の条件等についても協議の上書面にて決定するものとする。なお、変更された内容は本契約の一部を構成するものとする。

第3条（本件業務従事者） ← *業務従事者を定義します*

　乙は、本件業務に関するコンサルタントとして、誰野誰兵（以下「担当コンサルタント」という）を従事させるものとする。担当コンサルタントが一時的に本件業務に従事することができなくなった場合または乙において担当コンサルタントを変更する必要が生じた場合には、乙は甲に書面によりその旨通知するとともにすみやかに新たなコンサルタントを本件業務に従事させ

る義務を負うものとし、当該義務が履行された場合には、第8条に定める乙の本件業務に関する委託報酬額その他の費用は減額されないものとする。ただし、コンサルタントを本件業務に従事させることができなくなった場合には、甲乙協議の上、その取り扱いを定めるものとする。

> 委託した業務の実行方式を定義します。再委託の可否も定義します。内容によっては再委託禁止をうたう場合があります

第4条（本件業務の遂行方式）
1．甲の担当者（以下「甲担当者」という）と、担当コンサルタントが相互に連携を取りながら本件業務を第7条に定める本件遂行期間中遂行するものとする。なお、甲が甲担当者を変更する場合には、乙に対して書面にて事前に通知するものとする。
2．甲および乙は、本契約に基づく乙の本件業務の遂行が、甲による正確な資料、情報等の提供を含む甲の協力がなければなし得ないものであることを認識し、乙が本件業務の遂行に関して甲に資料、情報等の提供を求めた場合、甲および乙が協議の上必要と判断した範囲内において、甲はすみやかに当該資料、情報等を収集して乙または担当コンサルタントに提供するものとする。
3．乙は、自己の責任において、本件業務の全部または一部を第三者に再委任または再委託することができる。但し、この場合でも、乙は、本契約の当事者として、本契約で乙が負う一切の責任を免れることはできない。

> 委託した業務が滞りなく行なわれるように、必要な情報が提供されるように定義します

第5条（情報等の提供）
1．甲は、乙または担当コンサルタントが甲に対し、乙が本件業務遂行上必要とする書類、資料、記録その他の情報（以下「原始資料」という）の提供を要求した場合には、乙または担当コンサルタントの要求に応じてすみやかに原始資料を無償で提供する。
2．乙は、原始資料を保有する必要がなくなったとき、または甲から原始資料返還の要求を受けたときには、甲の指示に従い、直ちに原始資料ならびにその複写物等のすべてを甲に返還し、または自ら破棄もしくは消去する

ものとする。

> 委託作業の実施場所、機器等の取扱いを定義します

第6条（事務所および機器等の使用）
1. 甲は、乙および担当コンサルタントが本件業務を遂行するにあたり必要と認める範囲で、甲の事務所ならびに機器および什器備品、事務所用品等（以下総称して「機器等」という）を無償で乙および担当コンサルタントに使用させる。
2. 乙および担当コンサルタントは、甲の事務所ならびに機器等を本件業務遂行のためにのみ使用するものとし、それ以外の目的に使用してはならない。
3. 甲は、甲の事務所ならびに機器等の使用に関して、乙および担当コンサルタントに対し必要かつ合理的な指示をすることができ、乙および担当コンサルタントはこれに従わなければならない。

> 作業の委託期間を定義します

第7条（本件業務の遂行期間）
本件業務の遂行期間（以下「本件遂行期間」という）は、ＸＸＸＸ年Ｘ月ＸＸ日からＸＸＸＸ年Ｘ月ＸＸ日までとする。ただし、甲乙間で別途協議の上、書面にて本件遂行期間を変更することができる。

> 委託報酬、費用負担、支払条件を定義します

第8条（委託報酬、実負担費用および支払条件）
1. 本件業務実施の対価としての委託報酬（以下「委託報酬」という）は各月作業分としてＸＸＸ万円とする。
2. 乙は、委託報酬の他に、本件業務に関連し、担当コンサルタントが所属する事業所所在地から甲が指定する場所に移動するために発生した交通費および宿泊費等の諸費用（以下「実負担費用」という）については、甲が事前に承認した、乙所定の海外および国内出張旅費規程に従って、甲に請求できるものとする。
3. 乙は、委託報酬および実負担費用に消費税等相当額を加算し請求を行うものとする。甲の乙に対する支払いは、乙の請求書が提出された月の翌月25日までに乙指定の銀行口座に振り込むものとする。

第9条（報告書の提出）

> 委託作業の作業報告の提出に関して取り決めます

1. 乙は、甲に対し、本件提出期間内に本件遂行期間中の本件業務の遂行結果に関する報告書（担当コンサルタントの実稼働日等について記載するものとする）を提出するものとする。
2. 乙は、甲に対し、本件提出期間内に報告書を提出できない事由が発生した場合には、すみやかにその旨を報告しなければならない。ただし、以下の各号の一に該当する場合には、前項の報告書提出期日は、甲乙間で別途協議の上定める日時まで延長されるものとする。
   (1) 本件業務の内容を甲が乙の事前の書面による同意を得ずに変更した場合
   (2) 本件業務を遂行するにあたり、甲が乙に提供または開示された資料等について、その内容、提供時期等に変更または誤りもしくは不備があった場合
   (3) 本件業務を遂行するにあたり、甲がその分担業務を遂行しなかった場合
   (4) その他乙の責に帰すべき事由によらない場合

第10条（報告書およびその他の納入物の取扱）

> 報告書、納入物の取扱いを明確にしておきます

1. 本契約に基づいて乙又は担当コンサルタントが作成し、クライアントに提出する成果物その他のドキュメント等（以下「本件納入物」という）の所有権（以下「本件所有権」という）は甲に帰属するものとし、本件納入物の著作権（著作権法第27条及び同第28条の権利を含むものとし、以下も同様とする）およびその他の知的財産権は、乙に帰属するものとし、甲はこれに同意する。甲は本件納入物を本件所有権に基づき事業のために自由に用いることができる。
2. 前項にかかわらず、甲が当該報告書およびその他の納入物を第三者に開示する場合には、乙の書面による事前の承諾を必要とする。

第11条（機密保持）

> 機密保持を定義します

1. 甲および乙は、口頭または書面であると否とを問わず、原始資料の他、

巻末資料

本契約に関して相手方当事者から開示を受けた技術上あるいは営業上の機密情報（以下「機密情報」という）を相手方の事前の書面による承諾なしに第三者に開示もしくは漏洩し、または本契約の目的以外に使用してはならない。ただし、次の各号の一に該当する情報についてはこの限りでない。
(1) 相手方が開示を行った時点で既に公知のもの、または開示後情報を受領した当事者の責によらずして公知となったもの
(2) 相手方が開示を行った時点で既に自己が保有していたもの
(3) 第三者から機密保持義務を負うことなく正当に入手したもの
(4) 相手方からの開示以降に開発されたもので、相手方からの開示によらないで入手したもの
(5) 法律、規則、政府ないしは裁判所の命令等により開示を義務づけられたもの

第12条（管理責任） ― 委託業務遂行の管理責任者を定義します

乙は、担当コンサルタントの品位の保持に努めるとともに、担当コンサルタントのすべての行為について責任を負う。また、乙は、担当コンサルタントが本契約に定める事項ならびに甲の職場秩序を遵守するよう指導監督し、管理する義務を負う。

第13条（契約の解約） ― 契約の解約に伴う対応を定義します

1. 甲が本契約の解約を希望する場合には、乙に対し解約日（以下「本契約解約日」という）の1カ月前までに、書面による通知をなすことで本契約を解約することができる。ただし、甲は、乙に対し、本契約が解約された場合においても、甲乙間にて別段の取り決めを行わない限り、乙が別途定める委託報酬の算定基準に従い、本契約解約日までの作業量に相当する金額の委託報酬および実負担費用に、消費税等相当額を加算した金額を本契約解約日後30日以内に支払わなければならない。
2. 前項但書の場合には、乙は、甲に対し、本契約解約時点までの作業内容の詳細を本契約解約日後30日以内に書面により報告するものとする。

第14条（契約の解除）

> 契約の解除条件を定義します

甲または乙は、相手方が次の各号の一に該当するときは、何らの催告も要せず、本契約の全部または一部を解除することができる。

(1) 差押、仮差押、仮処分の申立、その他強制執行もしくは競売の申立を受けたとき
(2) 破産手続開始、民事再生手続、会社整理もしくは会社更生手続開始決定の申立があったとき、または解散決議を行ったとき
(3) 租税公課を滞納し督促を受けたとき、または租税債権の保全差押を受けたとき
(4) 振り出しまたは引き受けた手形・小切手が不渡りとなり、または支払停止の状態となったとき
(5) 本契約に違反し、違反した当事者に対し相当な期間を定めて催告したにもかかわらず相当期間内に是正されないとき
(6) その他前各号の事由と同視しうる事由が発生したとき

> 責任範囲と損害賠償を定義します。損害賠償額は、無制限、甲からの乙への支払報酬金額を上限とする、別途協議により決めるなどの方法があります

第15条（損害賠償責任）

1．甲または乙は、本契約に違反し相手方に損害を与えた場合は、相手方に対し、相手方が被った損害（但し、直接的かつ現実に生じた損害に限られるものとし、間接的な損害、逸失利益等については含まれない）を賠償する責任を負う。
2．前項にかかわらず、本契約に関し、乙が甲に対して損害賠償債務を負担する場合、その請求原因の如何にかかわらず、乙が支払う損害賠償の累積総額は、本契約に基づいて、甲が乙に実際に支払った金額の総額を限度とする。

> 契約の終了時の対応を定義します

第16条（契約の終了に伴う措置）

本契約第13条または第14条に基づき本契約の全部または一部が終了した場合、乙は、甲の指示に従い、作成途中の報告書および原始資料ならびにその複写

巻末資料

物および模造物等を自己の負担においてすみやかに甲に引き渡し、または自ら破棄もしくは消去するものとする。

第17条（契約の有効期間等） ← 契約の有効期間を定義します
1．本契約は、第13条または第14条に基づき終了しない限り、第4条第7項に定める本件業務の完了時または第8条に定める委託報酬および実負担費用の支払完了時のいずれか遅い時点まで有効に存続する。
2．本契約終了理由の如何を問わず、第10条、第11条、第13条のうち甲または乙の解約日後の義務を定めた部分、第15条、第16条、第18条および第19条の各規定は本契約終了後も有効に存続する。ただし、第11条の存続期間は、本契約終了後3年間とする。

誠意をもって協議を行ない、問題解決にあたることを合意しておきます

第18条（協議解決）
　本契約に関する解釈上の疑義、または定めのない事項については、甲および乙は信義誠実の原則に従って協議し解決に当たるものとする。

係争時の主管裁判所を定義します

第19条（準拠法および合意管轄）
　本契約の成立および解釈は日本法に準拠するものとし、甲および乙は、本契約に関連して甲乙間に紛争が生じた場合には、東京地方裁判所を第一審の専属的管轄裁判所とすることに合意する。

本契約の成立を証するため、本書2通を作成し、甲乙記名押印の上、各自1通を保有する。
200X年　月　日

　　　　　　　　甲：

　　　　　　　　乙：

アウトソーシング・サービス契約書

> 以下にシステムのアウトソーシングをする際の契約書を載せます。システムのアウトソーシングでは、引き継ぎにあたる「移行サービス」とシステムを保守・運用してシステムの稼働を保証する「運用サービス」があります。移行は一度きりで行なわれるプロジェクト型の業務です。保守・運用は継続的に行なわれるサービスです。移行と保守・運用の両方の契約書を作る必要があります

株式会社◎◎（以下「甲」という）と株式会社◇◇（以下「乙」という）は、甲の「▲▲システム」（以下「甲の情報システム」という）のアウトソーシング・サービスに係る業務の委託に関し、アウトソーシング・サービス契約（以下「本契約」という）を締結する。

第1条（業務の委任） ― 業務の委任の合意を確認します

　甲は、本件業務を乙に委託し、乙はこれを受託し、甲及び乙は、本件業務の遂行に際し、双方の役割分担に応じ共同作業及び分担作業を誠実に実施するとともに、誠意をもって協力する。

第2条（用語の定義） ― 契約書で使われる用語を定義します

　本契約で用いる用語の定義は、次の通りとする。
1．「本件業務」とは、以下の第2項、第3項の業務を包括していう。
2．「移行サービス業務」とは、本契約に基づき甲の情報システムのリソースを、乙の管理下に移し、乙が運用サービス業務を開始できる環境を整備することをいう。
3．「運用サービス業務」とは、乙の管理下に移管された甲の情報システムのリソースを運用・保守し、甲に対して所定の情報処理サービスを提供することをいう。
4．「情報システムのリソース」とは、情報システムを構成するコンピュータに関連するハードウェア、ソフトウェア、データベース、通信回線、ネットワーク設備、データセンター設備等を指す。

巻末資料

> ◆移行サービス業務：ここからは移行サービス業務の契約条項です
> 移行サービス業務を定義します。移行サービス業務の範囲は、移行対象リソースの確定と甲から乙への移管、乙が運用サービスを実施できるようにするための環境整備、運用テストまでになります。実際の作業詳細は、第4条にある移行計画書に記述します。第3条で登場する基本仕様書は、移行対象の情報システムの機能が定義された仕様書で、移行後でも基本仕様書で定義された機能は保証されなければならないことになります。

第3条（移行サービス業務の範囲）
　移行サービス業務は、本契約書添付のシステム基本仕様書（以下「基本仕様書」という）に基づき、乙による運用サービス業務を開始するために必要となる各作業をいう。

> 移行サービス業務を移行計画書に定義します。移行業務はプロジェクトになるので、プロジェクト計画書と同義です

第4条（移行計画書）
1．甲及び乙は、移行サービス業務の内容について本契約締結後●日以内に、基本仕様書に基づき、移行対象リソース及びそれらに関する権利・契約の取扱い、作業内容、作業分担、スケジュール等移行サービス業務の実施に必要な詳細事項（以下「移行計画書」という）を定めるものとする。

> 移行サービス業務の作業分担と作業推進体制を定義します。具体的な詳細分担は移行計画書で定義されます

第5条（作業分担ならびに作業推進体制）
1．甲及び乙は、基本仕様書及び移行計画書に基づく作業分担に従い、各分担作業を各自の責任において遂行するものとし、共同作業については甲乙共同して遂行し、相手方の分担作業については、お互いの合意にもとづいて、お互いの遂行に協力するものとする。

2．甲及び乙は、本契約締結後速やかに移行作業の推進体制を定め、互いに書面をもって相手方に通知する。体制に変更があった場合も同様とする。

> 移行作業期間のミーティングを定義します。詳細は移行計画書で定義されます

第6条（定例ミーティングの設置）

1．甲及び乙は、移行サービス業務が終了するまでの間、定例会議を開催する。
2．定例会議では、移行作業の進捗状況の報告、問題点の協議・解決、その他移行サービス業務が円滑に遂行できるよう必要な事項を協議する。
3．甲及び乙は、定例会議の議事内容・結果について議事録を作成し、それぞれ1部を保有する。

> 移行作業の委託料を定義します。実際は別途見積もりによる定義と支払方法を定義します。支払方法は作業終了後一括か、作業中分割をするかを決めます

第7条（移行サービス委託料）

1．甲は、別途定義する移行サービス委託料（以下「移行料金」という）を移行サービス業務の対価として、別途定義する支払方法等に従い乙に支払うものとする。
2．第4条第2項に基づく基本仕様書又は移行計画書の変更に伴う変更その他の事由により移行料金が変更された場合、甲は乙に対し変更後の移行サービス委託料を支払うものとする。

> 移行作業の期間を定義します。詳細は移行計画書に定義します

第8条（移行サービス業務期間及び移行サービス業務の実施）

1．移行サービス業務は、平成●年●月●日から開始され、平成●年●月●日（以下「移行完了日」という）をもって完了されるものとし、乙は基本仕様書及び移行計画書に従って移行サービス業務を実施し、甲はその遂行に協力するものとする。
2．甲及び乙は、移行完了日を変更する必要が生じた場合には、その変更日及び合理的な理由等を記した書面をもって相手方に申入れ、甲乙双方協議の上変更の有無・内容を決定する。

巻末資料

> 対象リソースの移管作業、環境設定と整備を定義します。詳細は移行計画書に定義します

第9条（移行対象リソースの移管と環境設定・整備）
1. 移行対象リソースの移管は、乙が甲から移行対象リソースの引渡しを受け、移行に必要な作業を行うことをもって実施する。
2. 前項の移行対象リソースの引渡しに当たっては、乙は、所定の検査方法により検査し、適合すると判断したときは、受領書を甲に交付する。
3. 乙は、本契約、基本仕様書及び移行計画書の定めるところに従い、甲から移管を受けた移行対象リソースの運用サービス業務の実施に必要な環境設定・整備を行う。

> 対象リソースの運用テストを定義します。詳細は移行計画書に定義します

第10条（運用テスト）
1. 乙は、移行対象リソースの移管及び環境設定・整備が終了した後、速やかに、運用テスト（以下「運用テスト」という）を行う。
2. 甲及び乙は、運用テストの開始までに、テストの項目、方法、結果の確認方法、実施体制及び甲乙双方の作業分担等必要事項を決定し、この決定に従い乙が「運用テスト計画書」を作成し、甲の承認を得る。
3. 乙は、前項所定の「運用テスト計画書」に基づき運用テストを実施し、甲はこれに協力する。
4. 乙は運用テストの結果を甲に通知し、甲はその結果を確認してその合否を乙に通知する。
5. 確認結果が「否」の場合は、速やかに甲乙協議の上、対処策を決定し実施する。

> 運用マニュアルとユーザーマニュアルの作成を定義します。通常、運用マニュアルは移行を請け負うアウトソーサー側が作成しますが、ユーザーマニュアルは双方協議のうえ、どちらが作成するか事前に決めておきます。最近の傾向としては、委託側企業の社員が作ることが普通となってきています

第11条（運用マニュアル及びユーザーマニュアルの作成）

1．甲及び乙は、運用テストの開始までに、運用手順、作業分担、障害時の対処方法等について協議決定し、乙がこの決定に従い、運用マニュアル（以下「運用マニュアル」という）を作成する。
2．甲及び乙は、運用テストの開始までに業務手順を確認し、甲の従業員等が甲の情報システムを利用していく上で必要となるユーザーマニュアル（以下「ユーザーマニュアル」という）を作成する。

> 移行後のシステムが、第11条にあるマニュアルだけで使うのが困難な場合、トレーニングをします。基本的に委託側企業の作業です。ただし、委託側企業が困難な場合は、別途協議のうえアウトソーサーに委託します

第12条（トレーニング）
1．甲は、移行完了日までに甲の利用者その他の関係者に対し、必要なトレーニングを実施しておくものとする。

> 移行サービス業務の完了の基準を定義します。必ず書面を取り交わす内容とし、トラブルを防ぎます。サービス終了を定義するので、慎重に内容を取り決めます

第13条（移行サービス業務の完了）
1．乙は、移行サービス業務が完了したときは、直ちに「移行サービス業務完了報告書」を甲に提出する。
2．甲は、前項の「移行サービス業務完了報告書」を受けた日から●日以内に、基本仕様書及び移行計画書に基づき、乙が実施した移行サービス業務の完了を検査・確認した上、「移行サービス業務完了確認書」を乙に交付する。
3．甲は前項の検査で未完了を発見した場合は、直ちにその旨を書面（以下、「未完了通知書」という）で乙に通知する。
4．乙は「未完了通知書」受領後速やかに内容を調査し、適切な措置をとり、移行サービス業務を完了させる。
5．移行サービス作業の未完了が乙の責に帰すべからざる事由に基づくときは、改善その他必要な作業に要する費用は甲の負担とする。
6．乙が甲から上記2項の定める期間内に「移行サービス業務完了確認書」の交付を受けず、又前項の未完了通知書を受けないときは、移行サービス業務確認期間の満了をもって、移行サービス業務は完了したものとみなす。

巻末資料

> ◆運用サービス業務：ここからは運用サービス業務の契約条項です
> ここからは、システム運用のアウトソーシングの契約条項です。最初に運用サービス業務の範囲を明確にします

第14条（運用サービス業務の範囲）
　運用サービス業務とは、本契約及び運用マニュアルに基づき、乙が甲の情報システムの運用・管理ならびに、甲の情報システムに係るリソースの各種管理を含む業務をいう。

> 運用に関しては、詳細の作業手順まで定義し、運用詳細プロシージャーを作成します。運用詳細プロシージャーは作業指示書にも匹敵し、アウトソーサーが裁量で勝手な作業をしないように手順を定義するものです。運用詳細プロシージャーは運用詳細手順書ともいいます

第15条（運用詳細プロシージャー）
1．甲及び乙は、運用サービス業務について運用マニュアルに基づき甲乙協議の上、運用サービス業務に係る詳細事項（以下「運用詳細プロシージャー」という）を定めるものとする。
2．甲及び乙は、運用マニュアルならびに運用詳細プロシージャーの内容を変更する必要が生じた場合、甲乙協議の上、第33条に従い対価も含めこれらを変更することができる。

> 運用サービス期間を定義します。サービス期間の終了基準と延長の条件を定義します。この定義は重要です

第16条（運用開始日及び運用サービス期間）
1．運用サービス業務は、平成●年●月●日（以下「運用開始日」という）から開始する。
2．運用サービス期間は、運用開始日から満●年間（以下「運用期間」という）とし、運用期間満了の●カ月前までに、甲又は乙が相手方に対し書面による別段の申入れをしないときは、運用期間満了日の翌日から更に1年間自動的に延長されるものとする。
3．乙は、期間満了の●カ月前までに甲に対し書面による通知を行うことにより更新後に適用される運用サービス委託料を変更することができる。

第17条（作業推進体制及び定例協議会）

運用サービス業務に係る作業推進体制及び定例協議会については、それぞれ第6条に順ずる。

> アウトソーシングのサービス委託料を定義します。別途見積もりし、支払方法を定義していきます

第18条（運用サービス委託料）

1. 甲は、運用サービス業務の対価として、別途記載の運用サービス委託料を、別途記載の支払方法等に従い、乙に支払うものとする。
2. 経済情勢、公租公課等の変動により運用サービス委託料が不相当となり変更の必要が生じたときは、運用期間内といえども甲乙双方協議の上第29条に従い運用サービス委託料を変更することができるものとする。
3. 前項による変更、第15条2項に基づく運用マニュアル又は運用詳細プロシージャーの変更に伴う変更その他の事由により運用サービス委託料が変更された場合、甲は乙に対し変更後の運用サービス委託料を支払うものとする。

> 運用サービス実施の報告方法を定義します。運用のサービスレベルを定義する際は、運用マニュアルに定義するか、別途サービスレベル合意書（SLA）を作成します

第19条（運用サービス業務の実施）

1. 乙は、運用マニュアル及び運用詳細プロシージャーに従って運用サービス業務を実施するものとし、甲はその遂行に協力するものとする。
2. 乙は、毎月実施した運用サービス業務の内容を甲乙合意の所定の報告書に取りまとめ、翌月●日までに甲に報告し、甲はその確認を行うものとする。
3. 乙は、運用サービス業務の実施に伴い出力結果等の物件の納入が必要となる場合は、運用マニュアル及び運用詳細プロシージャーに従い甲の検収を受けるものとする。

巻末資料

> 運用サービス利用時間を定義します。別途サービスレベル合意書（SLA）を作成して定義する場合もあります

第20条（運用サービス利用時間）
1. 甲が運用サービスを受けることができる日及び時間（以下「利用時間」という）は、運用マニュアル及び運用詳細プロシージャーに定める。
2. 甲又は乙は、利用時間が不都合となるなどで変更しようとするときは、相手方と事前に協議の上、変更できるものとする。

> 運用中に、運用マニュアルにはない新技術調査やシステムの改修などの付加サービスが必要になるときがあります。その取り決めを定義します

第21条（付加サービス）
1. 甲が運用マニュアル及び運用詳細プロシージャーで定められた範囲外のサービス（以下「付加サービス」という）を乙から受けようとするときは、甲は乙に対し、希望日の●日前までにその旨書面で申し入れるものとする。
2. 乙は、前項の申し入れを受けた場合、可能な範囲内で付加サービスの提供に応じるものとし、その契約方式（本契約の変更か別途契約かなど）、有償・無償の取り決め、条件等は、別途協議の上決定する。

> 運用サービスの一時停止の定義をします。基本的に計画停止を行ないますが、緊急時があることを想定し、定義しておきます

第22条（運用サービスの一時停止）
1. 乙は運用サービスリソース、通信回線、データセンター設備等の保守その他工事等により、運用サービスの提供を一時的に停止せざるを得ないときは、予めその旨を甲に通知して、必要な範囲で運用サービスを一時停止することができる。
2. 但し、緊急やむを得ない場合は乙の判断にて運用サービスを一時停止することができる。この場合、乙は遅滞なく甲に運用サービスの一時停止を報告し、対応策等について協議決定し、速やかにこれに対処する。

第23条（トラブル等の処理）

> トラブル処理を定義します。最近は、復旧時間を定義し、別途サービスレベル合意書を作成する場合もあります

1. 甲及び乙は、運用サービス業務に関し障害、異常等のトラブル等が発生したことを知ったときは、直ちに、主任担当者を窓口として相手方の担当責任者に連絡すると共に、対応策等について協議決定し、速やかにこれに対処する。
2. 但し、緊急やむを得ない場合は乙の判断にて障害対応をすることができる。この場合、乙は遅滞なく甲に障害対応を報告し、別途対応策等が必要な場合には、遅滞なく協議決定し、速やかにこれに対処する。

> ◆一般条項：移行サービス、運用サービス業務両方に共通する条項です
> アウトソーサーの再委託の可否を定義します。内容によっては再委託禁止をうたう場合があります

第24条（再委託）

1. 乙は、本件業務の一部を乙の責任において第三者に再委託することができる。
2. 乙が当該再委託先に対し機密情報を開示するときは、再委託先に本契約に定める機密保持義務を遵守させるものとする。

> 知的財産の権利帰属、取扱いを定義します

第25条（知的財産権の取扱い）

1. 本件業務遂行の過程で行われた発明、創作等によって生じた特許権、著作権その他の知的財産権（ノウハウを含む）については、その発明、創作等が甲又は乙のいずれかの単独で行われたときは、当該知的財産権はそれを行った者に帰属する。
2. 前項にある発明、創作等が共同で行われたときは甲乙協議の上帰属を取り決めるものとする。

巻末資料

> 情報、資料等の取扱いを定義します

第26条（情報等の提供、管理及び返還）
1．甲は、乙が甲に対し、乙が本件業務遂行上必要とする書類、資料、記録その他の情報（以下「原始資料」という）の提供を要求した場合には、すみやかに提供する。
2．甲が乙に提供すべき資料等の内容の誤り又は甲の提供遅延によって生じた本件業務の履行遅滞及び納入物又は作業結果の不具合・瑕疵等については、乙はその責任を免れるものとする。
3．乙は、原始資料を保有する必要がなくなったとき、または甲から原始資料返還の要求を受けたときには、甲の指示に従い、直ちに原始資料ならびにその複写物等のすべてを甲に返還し、または自ら破棄もしくは消去するものとする。

> 機密保持を定義します

第27条（機密保持）
1．甲及び乙は、本件業務遂行に関連して相手方より機密である旨指定の上提供された情報を機密として取扱い、その管理に必要な措置を講ずるものとする。ただし、次の各号に該当する情報については、本契約にもとづく機密情報の範囲外とする。
　(1) 情報開示者より開示を受ける以前に情報受領者において適法に保有していたもの
　(2) 本契約締結時において既に公知のもの、または情報受領者の責によらずして公知となったもの
　(3) 情報受領者が第三者から機密保持義務を負わされることなく受け取ったもの
　(4) 情報開示者が第三者に対し機密保持義務を負わせることなく開示したもの
　(5) 情報受領者が独自に開発したもの
　(6) 法令の定めにより開示したもの
　(7) 情報開示者の事前の文書による承諾を得て情報受領者が開示したもの
2．甲及び乙は、相手方の機密情報について本契約の目的の範囲内で使用するものとし、相手方の事前の書面による同意なくして、第三者に開示して

はならない。
3．本条の規定は、本契約終了後、●年間存続する。

> 事故と事故対応を定義します。事故とは、甲乙の責任のない突発事項です

第28条（事故対応）
　甲及び乙は、天災地変、第三者による侵害行為その他本件業務遂行に支障をきたすおそれがある事故の発生を知ったときは、その事故発生の帰責の如何にかかわらず、直ちに相手方に通知し、その対策につき甲乙協議し、速やかに決定した対策を分担又は相協力して実施するものとする。

> 契約の変更を定義します

第29条（契約の変更）
　本契約の内容の変更は、当該変更内容につき事前に甲乙協議の上、甲乙双方記名捺印した書面によってのみ行うことができる。

> 契約の解除条件を定義します

第30条（契約解除）
1．甲または乙は、相手方が次の各号の一に該当するときは、何らの催告も要せず、本契約の全部または一部を解除することができる。
　(1)　差押、仮差押、仮処分の申立、その他強制執行もしくは競売の申立を受けたとき
　(2)　破産手続開始、民事再生手続、会社整理もしくは会社更生手続開始決定の申立があったとき、または解散決議を行ったとき
　(3)　租税公課を滞納し督促を受けたとき、または租税債権の保全差押を受けたとき
　(4)　振り出しまたは引き受けた手形・小切手が不渡りとなり、または支払停止の状態となったとき
　(5)　本契約に違反し、違反した当事者に対し相当な期間を定めて催告したにもかかわらず相当期間内に是正されないとき
　(6)　その他前各号の事由と同視しうる事由が発生したとき
2．甲又は乙は、相手方の債務不履行が相当期間を定めてなした催告後も是正されないときは、本契約の全部又は一部を解除することができる。甲又

は乙は、前各項の場合、相手方に対する一切の金銭債務につき期限の利益を喪失し、直ちに弁済するものとする。

> 責任範囲と損害賠償を定義します。損害賠償額は、無制限、甲からの乙への支払報酬金額を上限とする、別途協議により決めるなどの方法があります

第31条（損害賠償責任）
1. 乙は、本件業務について通信回線の障害、移行対象リソース自体の不具合・障害、甲における端末誤操作などその他乙の責に帰すべからざる事由に基づく損害に関し、請求原因の如何にかかわらず責任を負わないものとする。
2. 甲及び乙は、本契約に関し相手方の責に帰すべき事由により損害を被った場合は、それが直接の原因で現実に発生した通常損害に限り、相手方に対し本条第4項所定の限度内で、損害賠償請求をすることができる。
3. 前項の損害賠償請求は、損害発生の日から●年以内に行使しなければ、その請求権は消滅する。
4. 本条第2項所定の損害賠償額の限度は、請求原因の如何にかかわらず、次の各号に定める通りとする。
    ① 移行サービス業務に関する損害賠償の総額の上限は、第7条に定めた移行料金相当額とする。
    ② 運用サービス業務に関する損害賠償の総額の上限は、運用開始日から1年毎に区切った期間に生じた損害について各期間に対応する運用サービス委託料の12カ月分相当額とする。
5. 甲乙以外の第三者に起因する損害については、当該第三者から受領した賠償額を限度とする。

> 誠意をもって協議を行ない、問題解決にあたることを合意しておきます

第32条（協議解決）
本契約に定めのない事項又は疑義が生じた場合は、甲及び乙は、信義誠実の原則に従い協議して、円満に解決を図るものとする。

第33条（合意管轄裁判所） ← 係争時の主管裁判所を定義します

　本契約の成立及び解釈は日本法に準拠するものとし、甲及び乙は、本契約に関連して甲乙間に紛争が生じた場合には、東京地方裁判所を第一審の専属的管轄裁判所とすることに合意する。

　本契約の成立を証するため、本書2通を作成し、甲乙記名押印の上、各自1通を保有する。

200X年　月　日

　　　　甲：

　　　　乙：

「すぐに使える中経実務Books」シリーズ　好評発売中！

■経営

新版 社員の業績評価を正しく行なう手順
　　　　　　　　　　　　　　松田憲二

事業計画書の作り方・書き方
　　　　　　　　　　　　　　長田静子

ダントツ重要部門になる 総務・経理の基本実務
　　　　　　　　　　　　　　平松 徹

[新会社法対応]中小企業の正しい株式実務
　　　　　　　　　　　　　　星野文仁

実践 事業計画書の作成手順
　　　　　　新日本監査法人 事業開発部

上手な事業承継の手順
　　　　　　　　　　　　　　三尾隆志

内部統制の実務がよくわかる本
　　　　　　新日本監査法人 事業開発部

資本政策の考え方と実務の手順
　　　　　　新日本監査法人 事業開発部

SCM経営を「見える化」で成功させる実務
　　　　　　　　　　　　　　石川和幸

会社の知的資産を「見える化」する方法
　　　　新日本有限責任監査法人 事業開発部

わが社が株式上場するときの基準がわかる本
　　　　新日本有限責任監査法人 事業開発部

会社のすべてを「見える化」する実務
　　　　　　　　　　　　　　正木英昭

中期経営計画書のつくり方・見直し方
　　　　　　　　　　　　　　丹羽哲夫

チームマネジメント成功のしかけ
　　　　　　　　　　　　　　石川和幸

非常時の経費節減1240実例
　　　　　アクト経営問題研究グループ（編著）

アウトソーシングの正しい導入マニュアル
　　　　　　　　　　　　　　石川和幸

■会計・税務

正しい決算書の作り方
　　　　　　　　　　赤岩 茂・増山英和

敵対的合併・買収を防ぐ財務戦略
　　　　　　　　　　　　　　碓氷悟史

一瞬でつかむ 経営分析すらすらシート
　　　　　　　　　　　　　　平野 健

[新版]経理規程と実務マニュアルの作り方
　　　　　　　みらいコンサルティング株式会社

変動損益計算書の作り方・使い方
　　　　　　　　　赤岩 茂・桐谷美千子

■人事・労務

会社を元気にする目標管理の成功手順
　　　　　　　　　　　　　　串田武則

会社を守る就業規則のつくり方
　　　　　　　　　　　　　　藤永伸一

人ひとり雇うときに読む本
　　　　　　　　　　　　　　吉川直子

実践！ コンプライアンス導入の手引き
　　　　　　　　　　　　　　高田 享

■法律・法務

個人情報保護の正しい実務と絶対必要な対策
　　　　　　　　　　　　　　黒川 晃

新会社法完全対応版 よくわかる取締役になったら事典
　　　　　　　　　　　　　　浜辺陽一郎

会社法完全対応版 よくわかる監査役になったら事典
　　　　　　　　　　　　　　浜辺陽一郎

利益を守る契約書作成の実行手順
　　　　　　　　　　　　　　久保内 統

[新]改正労働基準法・労働契約法・パート労働法の実務
　　　　　　　　　　　　　　徳永康子

■営業・マーケティング・流通

お店の5Sは仕事の基本
　　　　　　　　　　平野裕之・古谷 誠

■生産管理

新版 上手な在庫管理のやさしい手引き
　　　　　　　　　　　　　　伊橋憲彦

最新版 正しい生産管理の実行手順
　　　　　　　　　　　　　　木村博光

会社がみるみる良くなる「5S」の基本
　　　　　　　　　　平野裕之・古谷 誠

究極のコストカットの進め方 メーカー現場編
　　　　　　　　　　　　　　山﨑康之

究極のコストカットの進め方 オフィス環境編
　　　　　　　　　　　工藤 工・田村雅司

会社を強くするジャスト・イン・タイム生産の実行手順
　　　　　　　　　　　　　　古谷 誠

■その他

最新版 図解 輸出と輸入の実務がよくわかる本
　　　　　　　　　　　　　　片山立志

すごい企画書の書き方
　　　　　岡部 泉・大橋一彦・藤森達夫

業務別 社内マニュアルのつくり方・活かし方
　　　　　　　　　　　　　　吉原靖彦

企画書・提案書の上手な作り方
　　　　　アクト経営問題研究グループ（編著）

〔著者紹介〕

石川　和幸（いしかわ　かずゆき）

　　　　企業改革コンサルタント。
　　　　サステナビリティ・コンサルティング代表。インターネット・ビジネス・アプリケーションズ代表。
　　　　1965年茨城県生まれ。早稲田大学政治経済学部政治学科卒、筑波大学大学院経営学修士。アンダーセン・コンサルティング（現アクセンチュア）、日本総合研究所などを経て現職。経営課題を解決するための事業構造改革、BPR、アウトソーシング計画・実行、シェアドサービスセンター構築を多数手がける。
　　　　専門は、ビジネスモデル構想、組織変革、SCM構築導入、ERPシステム導入、プロジェクトマネジメント。
　　　　著書として『会社経営の基本が面白いほどわかる本』『SCM経営を「見える化」で成功させる実務』『チームマネジメント成功のしかけ』（以上、中経出版）、『なぜ日本の製造業は儲からないのか』（東洋経済新報社）、『「見える化」仕事術』（ディスカヴァー・トゥエンティワン）他多数。

　　　　e-Mail：kazuyuki.ishikawa@susco.jp

●本書は、弊社の「ネット書籍サービス」に対応しています。お客様のライフスタイルにあわせてお楽しみいただけます（詳細は裏面をお読みください）。

本書の内容に関するお問い合わせ先
　　中経出版編集部　03（3262）2124

アウトソーシングの正しい導入マニュアル　　（検印省略）

2009年11月1日　第1刷発行

著　者　石川　和幸（いしかわ　かずゆき）
発行者　杉本　惇

発行所　㈱中経出版
　　　　〒102-0083
　　　　東京都千代田区麹町3の2　相互麹町第一ビル
　　　　電話　03（3262）0371（営業代表）
　　　　　　　03（3262）2124（編集代表）
　　　　FAX　03（3262）6855　振替　00110-7-86836
　　　　ホームページ　http://www.chukei.co.jp/

乱丁本・落丁本はお取替え致します。
DTP／フォレスト　印刷／新日本印刷　製本／三森製本所

Ⓒ2009 Kazuyuki Ishikawa, Printed in Japan.
ISBN978-4-8061-3532-6　C2034

本書をご購入いただいたお客様への重要なお知らせ

この書籍は「中経出版ネット書籍サービス」を無料でご利用いただけます。

当サービスのご登録・ご利用は本書のご購入者本人しかできませんので、ご注意下さい。

ネット書籍サービスとは。

「中経出版ネット書籍サービス」とは、お買い求めの本書と同じ内容の電子書籍（弊社ではネット書籍と呼称しています）を、インターネットを通してパソコン上でもお読みいただけるサービスです。特別な場合を除いて、CD付きの書籍はその音声を、DVD付き書籍はその映像もすべてパソコンで視聴できます。**本書を携帯できない場所**（国内外出張先、旅行先、職場等）でも、お手元にインターネットに接続できるパソコンがあればいつでもどこでもご覧いただけます。

あなただけの本棚をご用意します。

「中経出版ネット書籍サービス」にご登録されると、**サイト内にあなただけの「マイ本棚」を**プレゼントします。今後、弊社刊行の「ネット書籍サービス対応」と記した書籍をご購入いただきますとすべてあなたの「マイ本棚」に収納されます。

中経出版のベストセラーがネットで読める。

弊社では、弊社刊行の好評書籍を順を追ってネット書籍化（ネットエディション版）しています。ご希望の**ネット書籍が当サービスを通してお求めいただけます**（有料）。お求めいただいたネット書籍はあなたの「マイ本棚」でいつでもご覧いただけます。

ご登録・ご利用は無料です！
本書を必ずお手元において下記サイトにアクセスして下さい。

▶▶▶ **https://ssl.chukei.co.jp/nbs/**

中経出版のホームページからもアクセスできます。

ISBN 978-4-8061- 3532 - 6　　登録No. 72131dTe1be

推奨環境
- Microsoft Internet Explorer5.5x以降
- Netscape6以降
- Windows、MacともにFlash Player8.0以上がインストールされていること
- ADSL以上のインターネット接続環境

＊著作権保護の観点から、登録No.は1冊1冊すべて異なります。登録できるのはご購入いただいたお客様ご本人だけです。できるだけお早くご登録下さい。
＊次のような場合には登録できません。
　●中古書店で購入された場合などで、すでに前の所有者が登録されている。●会社で購入された場合などで、すでに会社の購入担当者が登録している。●本書を図書館で借りた。●本書を友人、知人から借りた。●本書を購入していない。などの場合。
＊「中経出版ネット書籍サービス」は、中経出版のオリジナルサービスです。
＊「中経出版ネット書籍サービス」に関するお問い合わせは、メールでお願いします。電話やFAXでのお問い合わせにはお答えできません。

お問合せ先　**netshoseki@chukei.co.jp**